Johann Andreas Gerhard

Discurs von denen Zweien des H. Röm. Reichs höchsten Gerichten

Johann Andreas Gerhard

Discurs von denen Zweien des H. Röm. Reichs höchsten Gerichten

ISBN/EAN: 9783743450950

Hergestellt in Europa, USA, Kanada, Australien, Japan

Cover: Foto ©ninafisch / pixelio.de

Manufactured and distributed by brebook publishing software (www.brebook.com)

Johann Andreas Gerhard

Discurs von denen Zweien des H. Röm. Reichs höchsten Gerichten

Vorrede.
An den geneigten Leser.

Nach dem gegenwärtiger Tractat, welcher für etzlichen Jahren von Tit. Herrn D. Johann Andreas Gerhardt/ Keyserlichen Hof-Pfaltz-Grafen und Fürstlichen Anhaltischen Rath in Lateinischer Sprach herauß gegeben worden/bey meiner damaligen subsistenz zu Wien unter Handen kommen/ und ich in Durchlesung dessen befunden/ daß nicht allein der bey dem Keyserlichen Reichs-Hof-Rath so wohln auch dem Cammer-Gericht zu Speyer übliche Proceß beydes in causis simplicis qverelæ, als Apepllationis und was deme anhängig/ sondern auch andere feine Specialia mehr kürtzlich darinnen enthalten/ habe ich mir so bald gefallen lassen bey müßigen Stunden selbigen in das Teutsche zu übersetzen/und da vielleicht die Lateinischen Exemplaria nicht mehr zu bekommen oder aufgeleget werden möchten/ mich dessen zu Belustigung und privat-Nutzen zu gebrauchen. Ob ich nun wohl nicht Vorhabens gewesen solchen in offentlichen Druck kommen zu lassen/ sondern/ wie erwehnet/ die version bloß und allein zu meiner selbst eigenen Belustigung vorgenommen/ iedennoch aber/ weiln ich nachgehends in Erfahrung kommen/ daß die Lateinische Edition ziemlich aufgekauffet/ und davon wenig Exemplaria mehr vorhanden/ auch nicht zu vermuthen daß solche etwann von neuen aufgeleget werden möchte/gleichwohl nicht zu laugnen daß dieses Wercklein aller Orthen seinen Nutzen mit sich führe: So habe ich endlich geschehen lassen/daß dessen von mir fürgenommene geringe und schlechte version der Druck-Presse unterworffen/ und dardurch nicht allein des Lateinischen Herrn Verfassers in elaborirung sothaner materie rühmlich an Tag gelegter Fleiß ie mehr und mehr erweitert/ besondern auch eines und des andern guten Freundes tragendes Verlangen gestillet werde. Worbey aber zu erinnern/ daß zwar dieses Wercklein an unterschiedenen Orthen weitläufftiger außgeführet/und mit einigen Zusätzen leichtlichen hätte vermehret werden können/weiln aber Ehrengedachten Herrn Verfassers intention selbst vermuthlich auf die Kürtze angesehen gewesen/als habe auch ich ein mehrers/ausser was an einem Orthe geschehen/ hinzuzusetzen billich angestanden. Der günstige Leser wolle immittelst sich diese zwar geringe/doch wohlgemeinte Arbeit gefallen / und dessen Autorn zu guter Gewogenheit anbefohlen seyn lassen.

Eingang.

§. I.

Daß die Ruhe und Wolfahrt deß Römischen Reichs Teutscher Nation/ in einem ungefärbten und aufrichtigen Vertrauen zwischen dem Käyser und sämptlichen Reichs-Ständen/ so wohln als dieser unter sich selbsten/ bestehe/ wird verhoffentlich Niemand in Abrede seyn. Es wird aber dieser deß Römischen Reichs Wohlstand auf andere Art und Weise schwerlich erlangt und zu wege gebracht/als wann die heilsame Justitz in dem Reiche durchgehends gehandhabet/das ist: Alles das jenige/was jedweden von Rechts=der Reichs-Constitutionen und öffentlichen Satzungen wegen zustehet und gebühret/ durch außgesprochenes Urthel/ und dessen würckliche Volstreckung gegeben oder gelassen werde. Besiehe die Ordnung des Cammer-Gerichts zu Wormbs vom Jahr 1495. in der Vorrede ibi. Und nachdem derselbe (gemeine Land=Fried) ohne redlich/ Erbar und fürderlich Recht schwerlich in Wesen bestehen mag. u. s. f.

§. II. Nun aber wird dem Röm. Reiche beydes am Käyserlichen Reichs-Hoff-Rath/ als auch dem Cammer-Gerichte sein Recht gegeben/ dann derer Orthen die unter denen Reichs-Ständen entstandene Streitigkeiten und Rechts-Händel/ im Nahmen des Römischen Käysers/ denen Reichs - Constitutionen und diesen beyden allgemeinen Gerichten insonderheit vorgeschriebenen=oder durch lange Observantz und Gerichts=Brauch eingeführten Satzungen nach/ rechtmäßiger Weise in Verhör gezogen und entschieden werden.

§. III. Was das Käyserliche Cammer-Gerichte anlanget/ so hat durch jüngsten im Jahr 1654. gemachten Reichs-Abschied das bey nahe zerfallene und schändlich verstelte Justitz-Wesen durch den Römischen Käyser und führnehmsten Stände des Reichs seinen vorigen Glantz und Herrligkeit wieder überkommen/und seynd die fast von 200. Jahren hero eingeschlichenen Mängel und Gebrechen/ so viel nur müglich gewesen/ abgeschaffet worden; Und solches nach dem Exempel verständiger Aertzte/ als welche in den allerhärtesten und tief eingewurtzelten Kranckheiten gar langsam zu verfahren und gelinde Mittel anzuwenden pflegen/ darmit das Ubel nicht zu frühzeitig/ und allzu geschwind außgereutet werde. Dahero dann auch heutiges Tages die von denen streitigen Partheyen / der langwierigen und fast unsterblichen Cammer-Processe halber hiebevor geführte Klagen aufgehöret haben/ denn alles das jenige / was etwann dem Procetz der Sachen hinderlich zu seyn/ und solchen in Weitläufftigkeit zu bringen geschienen/durch vorbemelten Reichs-Abschied gantz heilsamlich abgeschafft oder geändert worden.

§. IV. Ob nun wohl das jenige/ was in itzt berührtem Reichs-Abschiede der Justitz wegen gesetzt und verordnet worden/vornehmlichen das Keyserliche Cammer-Gerichte angehet/nichts desto weniger aber wird nicht allein daselbst ein und anders auch auf den Reichs-Hoff-Rath außdrücklich gezogen/wie solches aus dem §. Was dann Churfürsten/rc. 168. erhellet/sondern/es hat auch Keyser Ferdinand der III. gegen die Reichs-Stände/ als selbige bey verwichenem im Jahr 1654. gehaltenem Reichs-Tage umb communication der verneuerten Reichs-Hoff-Raths Ordnung aller unterthänigst gebeten/sich außdrücklich und offentlich erkläret: Daß selbige nicht allein nach der Cammer Gerichts-Ordnung/ Reichs-Constitutionen und Oßnabrückischen Frieden-Schluß gemacht und eingerichtet/ sondern auch alles das jenige/ was auf berührtem Reichs-Tage/ der Justitz wegen/ von neuen verordnet worden/darinnen in acht genommen und begriffen sey. Autor der Grund-Feste deß Heil. Röm. Reichs/ part. III. Cap 5. §. Es hat zwar/rc.

§. V. Derohalben wir uns fürgesetzet von dem jenigen/was in diesen beyden höchsten Gerichten (1.) ratione der Rechts-Sachen/ so darinnen abgehandelt werden/(2.) der Persohnen/ welche daselbst Rechtlichen Außspruch zu erwarten (3.) der Arth und Weise deß Processes/ der in selbigen in acht genommen wird/und dann (4.) derer

rer jenigen/ durch welche die Justitz administrirt wird/ und dieser Zeit im üblichen Gebrauch ist/ mit Göttlicher Hülffe kurtzlich und mit wenigen zu handeln. Woraus dann beydes die Gleichförmigkeit als auch der Unterscheid dieser beyden höchsten Reichs-Gerichte genugsam erhellen wird. Zwart müssen wir gestehen/ daß in so kurtzer Zeit/ die wir nach zurück gelegter Reise durch Franckreich/ Engeland und Niederland an gemelten beyden Orthen zubracht haben/ nur das Wenigste dießfals haben angemercket/ oder anmercken können/ zweifeln auch nicht/ daß wir zu zeiten einen und andern Irrthum begehen werden. Doch wird der geneigte Leser alles/ insonderheit aber auch dieses zum Besten außzulegē wissen/ daß/ weiln diese beyde hohe Tribunalien im Röm. Reich gleiches Ansehen/ und in vielen Stücken concurrentem Jurisdictionem haben/ wie bald dieses jenem/ bald jenes diesem fürgesetzet/ und demnach die beste Ordnung in vorfallendem Præcedenz Streite / welche darinne/ daß man keine Ordnung halte/ bestehet/ in acht genommen haben.

PRÆLIMINARIA.

I.

Von dem Ursprung/ Einsetzung und Benennung beedes des Keyserlichen Reichs-Hoff-Raths/ als auch des Cammer-Gerichts.

§. I.

He wir unsern ersten Discurs, so von beyder Gerichte Jurisdiction handeln soll/ anfangen/ wird nöthig seyn/ vorhero etwas weniges beydes von deren Ursprung/ Einsetzung und Benennung/ als auch ihren vorgeschriebenen Ordnungen vorher zu setzen. So viel nun den Keyserlichen Reichs-Hoff-Rath anlanget/ seynd etliche/ welche vermeinen/ daß solcher bey Regierung Ferdinandi I. andere aber eines andern Römischen Keysers/ so nach diesem gelebt/ seinen Anfang genommen habe. Wir halten darfür/ daß solcher lange vorher/ ehe das Cammer-Gericht angeordnet worden / ja gar in denen uhr alten Zeiten entsprossen sey/ dann kein Zweifel/ daß die Römischen Keyser schon vor langen/ ja undencklichen Jahren

Jahren her an ihrem Hofe dergleichen Consilium oder Gericht/ in welchem der Reichs-Stände Rechts-Sachen getrieben und erörtert worden/ gehabt haben. Und dieses zeiget Keyser Ferdinand der III. aller glorwürdigsten Andenckens/ in der Vorrede der verneuerten Reichs-Hof-Raths-Ordnung außdrücklich an/ wann Er spricht: „Wie wir befunden/ unsere löbliche Vorfahren am „Reich/ sich guter Ordnung von Uhralters her befliſſen „und hierzu/ darmit solchem Ihren Obliegen allenthal„ben desto stattlicher vorgesehen werde/ Ihren Reichs„Hof-Rath/ so selbige zur Beförderung und Vollzie„hung der werthen Gerechtigkeit und Regiments im „Römischen Reich/ von unfürdencklichen Jahren erhal„ten/ wie auch folgends dero Keyserlichen Cammer und „andere Gerichts-Mittel aufgerichtet haben. Deßgleichen ist eine von Keyser **Friedrich** dem II. im Jahr 1236. promulgirte Satzung vorhanden/ in welcher verordnet/ **daß der Hof-Richter** (oder/ wie er heutiges Tags genennet wird/ der Reichs-Hof-Raths Præsident) **alle Tage soll zu Gericht sitzen.** Wie solches beym *Goldaſt. Conſtit & Reſcript. Imper. tom.* 1 *pag* 84 zufinden. Und wem belieben möchte in Historien nachzuschlagen/ der wird unzählich viel dergleichen Satzungen/ so die Alten Römischen Keyser gemacht haben/ antreffen/ aus welchen die lange Zeit des Keyserlichen Reichs-Hof-Raths erhellen wird.

§. II. Dieses Gerichte nun wird genennet Consilium, oder ein Rath/ so ein solcher Nahm/ der vielen Gerichten gemein ist/ insonderheit aber dieser Ursachen halber/ alldieweiln die Keyserliche Herren Reichs-Hoff-Räthe zum öfftern in wichtigen Sachen/ und woran viel gelegen/ nicht ein Urthel/ sondern nur ihr Guthachten (Votum oder Consilium) abfassen/ welches sie dem Keyser durch den Reichs-Vice Cantzler/ hinterbringen lassen R. H. O. Tit. 5. §. **Wo aber die Stimmen.** der hernachmahls in seinem geheimten Rath (in welchem zugleich der Herr Præsident wie auch der Re- und Correferent mit zur Stelle) dergleichen Sache in reiffe Berathschlagung zu ziehen

virb es auch genennet ein Gericht/ und solches
hs= Constitutionen, als von bewehrten Scriben-
ßnabrückischen Frieden=Schluß/ art. 5. §. 54.
ericht. R. H. O. Tit. 2. in pr. ibi. für unser
lt/ deßgleichen Tit. 5. §. Es sollen auch/ in
m höchsten Gericht und Tribunali. De=
nicht übel außgeleget werden kan/ wann wir in
Keyserlichen Reichs=Hof=Rath/ ohne Unter-
h/bald ein Gericht nennen.
iber selbiger genennet: der Keyserliche Hof=
liche Hof=Gericht/ alldieweil er den Keyser=
folgen pflegt/ und gemeiniglich eben an selbigem
er seine Hof=Stadt hinleget/ gehalten wird/
lle diese/ verb. und unsern Keyserlichen
t/ welcher Orthen derselbige gehalten
. Doch ist dieses so eigentlich nicht nöthig/ son-
Keysers Willkühr/ ob er den Reichs=Hof=Rath
ber selbigen an einem andern Orthe lassen will.
önig in Ungarn/ nacher Preßburg auf die auß-
äge verreiset/ ist bißher der Reichs=Hof=Rath
en/ deßgleichen/ da im Jahr 1645. Keyserliche
der III. aller Christmildesten Andenckens/ sich
) nacher Böheimb erhub/ und die Keyserliche
anstalte/ ist der Reichs=Hof=Rath zu Lintz blie-
alle Proceß=Sachen expedirt, und zu Ihrer
ft und Vollziehung übersendet worden. Deß-
ter Keyser/ Lobseeligsten Andenckens/ mit dero
ndo IV. im Jahr 1654. von Regenspurg aus
e Wahl des Römischen Königs nacher Aug=
ch der Reichs=Hof=Rath zu Regenspurg ver-
sten seine ordentlichen Sitz=Täge und expedi-
llso ist bißweilen der Keyserliche Hof zu Lintz im
Reichs=Hof=Rath aber zu Welß (eine Stadt/
on gelegen) gehalten worden. Aus welchen

A iij   Exem=

Exempeln/ (derer mehr angeführet werden könten:) erscheinet/ daß der Reichs-Hof-Rath nicht allemahl dem Keyserlichen Hof-Lager folge/ sondern zum öfftern der Keyserliche Hof an einem andern/ und der Reichs-Hof-Rath auch an einem andern/ doch nicht so gar weit von diesem entlegenen Orthe gehalten werde. Es mag aber der Keyserliche Reichs-Hof-Rath sich befinden/ wo er will/ so wird nichts desto weniger in allen Keyserlichen Citationen oder Ladungen/ so diß Orths zu ergehen pflegen/ der Orth keines weges mit hinzu gesetzet/ sondern es werden sämptliche auf den Keiserlichen Hof eingerichtet/ „ mit diesen oder dergleichen Formalien: **Selbst/ oder durch ei-**
„ **nen gnugsam gevollmächtigten Anwald an Unsern**
„ **Keyserlichen Hof/ was Enden alsdenn derselbe seyn**
„ **wird/ erscheinet/ꝛc.** - Und eben hierinnen seynd sie von denen Cammer-Gerichts Citationen unterschieden/ in welchen (gleichwie in allen andern Gerichten zu geschehen pfleget) der Orth des Gerichts mit benennet und hinzu gesetzet werden muß.

§. IV. Es wird auch dieses Gerichte genennt der **Reichs-Hof-Rath/** wegen derjenigen Sachen/ so daselbst abgehandelt und erörtert werden/ und die so wohln die Reichs-Stände/ als das Reich an sich selbst angehen. R. H. O. *Tit. 2. in pr. ibi:* **alle und iede Sachen/ das Heil. Röm. Reich/ deſſelben Hoheit/ Recht/ Herrligkeit/ꝛc.** Dahero ist auch die Cantzley dieses Gerichts (die **Reichs-Hof-Cantzley** genant) dem Ertz-Bischoffe zu Mäyntz als deß Heil. Röm. Reichs Ertz-Cantzlern mit Eyd und Pflichten verbunden. Nicht ratione causæ Efficientis, welche keines weges das Reich/ sondern allein der Keyser ist J. R. H. O. *Tit. I. in pr. verb.* **Unser Keyserlicher Reichs-Hoff-Rath/ deſſen obristes Haupt und Richter allein wir/** und vers. **und weiln dann allein uns/ als Römischen Keyser/ꝛc.** Denn einzig und allein derselbe dieses herrliche Judicium mit tüchtigen geschickten Räthen und zwar heutiges Tags/ vermöge der Capitulation, aus beyderley/ so wohln Evangelischer als Catholischer Religion/ versiehet/ ihnen auch

auch allein ihren Jährigen Besold und Unterhalt verschaffet. Davon unten mit mehrern.

§. V. Biß hieher haben wir von des Keyserlichen Reichs-Hof-Raths Uhrsprung und Benennung gehandelt. Nun wolln wir auch etwas weniges von dem Keyserlichen Cammer-Gericht melden. Denn/ weiln in einer Cammer oder Gemach die meisten Judicia (dann etliche unter freyen Himmel geschehen) gehalten werden; So siehet man auch/daß unterschiedene Sachen darvon den Nahmen haben. Dahero wird ins gemein der Orth an sich selbst/in welchem dieses Keyserliche Gericht gehalten wird/die **Cammer** oder die **Keyserliche Cammer** genennet. Eigendlich aber wird durch dieses Wort eben dieses hohe Reichs-Gericht verstanden/ welches auch dahero das **Cammer-Gericht**/ deßgleichen die **Reichs-Cammer** genennet wird/als in welchem die Rechts-Sachen der Reichs-Stände vorgenommen und erörtert werden. Und eben in solcher Bedeutung/ als welche durch die Gewohnheit schon eingeführet/ wir auch hier und allenthalben uns solches Worts gebrauchen. Anders wird es genommen. wenn des Reichs Schatz-Camer Camera Imperialis oder die **Reichs Cammer** genennet wird/was da nehmlich zu dem Einkommen/ so dem Reich zuständig / gehöret. Besiehe Bartol. in Rubricâ Cod. de Jure Fisci n. 7. Worbey allhier zu gedencken/ daß ein anders sey Camera Imperialis, so auf diese Art genommen wird/ ein anders Camera Imperatoris, dann Camera Imperialis, wie allbereit erwehnet/bedeutet des Reichs Schatz-Cammer/ allein durch Cameram Imperatoris werden **die Keyserliche Cammer-Güter/ so dem Keyser allein zu gehören/verstanden.** Bartol. d. n. 7.

§. IV. Der Stiffter dieses Keyserlichen Cammer-Gerichts/ wie man ins gemein darfür hält/ soll Maximilianus I. Römischer König/ gewesen seyn/welcher mit Bewilligung sämptlicher Reichs-Stände auf dem im Jahr 1495. zu Worms gehaltenem Reichs-Tage dasselbe formaliter eingesetzet/daß es wäre ein allgemein Gericht des gantzen Heiligen Römischen Reichs/ und da ein ieder unter denen Reichs-Ständen/in vorfallenden Rechts-Sachen/seine Zuflucht hin nehmen könne/das **Oberst und letzte Gericht.** R. A. zu Augspurg 1530.

1530. § **Dieweil nun Unser.** Damahls ist es nach Franckfurth am Mayn verlegt gewesen/ allwo im gemelten 1495. Jahre den 3. Nov. die erste Gerichtliche Audientz celebriret, oder/ wie Gail. redet: primum Consistorium publicum gehalten worden/ lib. 7. de Pace Publ. cap. I. n. 28. und in folgenden 1496. Jahr den 26. Febr. die allererste Achts-Erklärung daselbst geschehen und außgesprochen worden/ wie davon gedachter Gail. d. cap. I. n. 29. ebener Massen berichtet. Wiewohl man gestehen muß/ daß das Cammer-Gericht auf bemelten Reichs-Tage nicht allererst seinen Anfang genommen habe/ sondern/ daß lange vorher dergleichen allgemein Gericht in Teutschland/ eben unter diesem Nahmen des Cammer-Gerichts/ sey zu befinden und anzutreffen gewesen/ wie solches Limnæus lib. 9. de Jur. Publ. c. 4. n. 26. bezeuget/ aber damals ist es nicht allzeit gewesen/ sondern nur zu gewissen Zeiten/ mehrentheils aber auf Reichs-Tägen angeordnet worden/ hat auch dahero keine gewisse Form gehabt/ sondern solche allererst von Maximiliano I. empfangen/ der hernachmahls diesem Gerichte einen gewissen Orth zugeeignet/ selbiges mit gewissen Gesetzen und Ordnungen versehen/ und ferner weit mit darzu erkiesten tüchtigen Personen besetzet. **Ordn. der Röm. Keyserlichen Majestät Cammer-Gericht zu Worms.** de Ao. 1495.

§. VII. Die Ursach nun/ warum Maximilianus I. dergleichen Gericht eingesetzet/ und daß solches an einem gewissen Orthe/ auch zu allen Zeiten gehalten werde/ verordnet/ kan auß vorhergehenden leichtlich angemercket werden. Denn als vor Zeiten die streitende Partheyen/ nicht sonder grosse Ungelegenheit und Beschwerung/ auch Hindansetzung ihres Haußwesens/ den Keyser und dessen Hof-Burg- und Land-Gericht/ umb Recht und Gerechtigkeit zu erlangen/ nachfolgen/ oder der Zeit erwarten müssen/ wann etwan ein Reichs-Tag außgeschrieben worden/ in welchem dergleichen Cammer-Gerichte angeordnet zu werden pflegte/ (wie wir in Vorhergehenden berührt) und darüber die Reichs-Stände zum öfftern sich beklaget; So hat dahero ermelter Römische König Maximilianus I. so wohl dem Reich als dessen Ständen fürträglich zu seyn erachtet/ an einem gewissen Orthe dergleichen Keyserliches Gericht/ unter dem Nahmen der Cammer/ anzuordnen/ in welchem/ an stat Römischer Keyserlicher Ma-

Majeſtät und des Reichs/ die Rechts-Sachen der Reichs-Stände und ſämptlicher Reichs-Unterthanen zu allen Zeiten erörtert und entſchieden würden.

§. IIX. Doch iſt daſſelbe damahls noch wandelbar geweſen/ und kaum anderthalb Jahr zu Franckfurth geblieben/ folgends nach Worms gelegt/ alda im Jahr 1497. den 31. Martii/ wie aus des Barthii Sentenzen zu erſehen/ die erſten Urtheil publicirt worden. Von dar iſt es Anno. 1501. nach Nürnberg kommen/ und ſo fort im Jahr 1504. nach Regenſpurg/ von hierauß Anno 1511. wieder nach Worms / und Anno 1521. nach Nürnberg/ nach dieſem im Jahr 1524. nach Eßlingen/ und endlich Anno 1527. nach Speyer. Dann es zu der Zeit/ vermöge getroffenen Vergleichs zwiſchen dem Keyſer und Ständen/ keinen ſtetigen Orth und Sitz gehabt/ ſondern es iſt nur insgemein dahin beſchloſſen worden/ **daß es im Reich/ in einer füglichen Stadt** gehalten werden ſolte. **C. G. O. zu Worms 1495.** Tit. **Wo das Camer-Gericht gehalten werden ſolle.** Und obwohl Maximilianus ſelbſten alſobald der Meinung geweſen dem Cammer-Gericht einen beſtändigen und gewiſſen Orth zuzulegen/ ſo hat Er doch ſolches nicht können zu Werck richten/ ſondern es iſt allererſt im Jahr 1530. auf dem Reichs-Tage zu Augſpurg mit einhelliger Bewilligung des Keyſers und der Reichs-Stände beſchloſſen worden/ daß zu Speyer gleichſam der eigenthümliche Sitz des Cammer-Gerichts ſeyn ſolte/ alwo nun itziger Zeit der **ewige Tempel der Gerechtigkeit iſt**/ in welchem deſſen hohe Prieſter täglich ihren Gottesdienſt verrichten/ und daraus gleichſam als aus einem Oraculo, denen ſämptlichen Ständen des Reichs gebiethen/ und Recht ſprechen. Es kan auch ſelbiges von der Stadt Speyer weg und anders wohin nicht verleget werden/ es wäre denn/ daß ſolches dem Keyſer und Teutſchen Fürſten/ auß wichtigen und erheblichen
„ Urſachen/ vor guth bedünckete. **R. A. zu Augſpurg im Jahr**
„ **1530.** §. Darzu meinen und wollen wir *83. ibi.* daß nun
„ hinfürder Unſer Cammer-Gericht/ aus obangezeigten
„ Urſachen ſtätigs zu Speyer bleiblich ſeyn und gehalten

„ und sonst nirgend anderswohin verändert werden soll/
„ es beschähe dann mit unserm/ auch Chur-Fürsten/
„ Fürsten und Stände Wissen und Willen. Thue hinzu
die C. G. O. part. 2. tit. 34. allwo eben dieses sancirt und bestätiget
worden.

§. IX. Und obwohl auf letztern im Jahr 1648. zu Münster und
1654. zu Regenspurg gehaltenen Reichs-Tägen berathschlaget
worden/ daß das Cammer-Gericht zu Speyer an einen andern
sicherern Orth im Reiche geleget werden möchte/ so ist doch diese Sache unerörtert blieben. R. A. de Anno 1654. §. Als auch bey
dem allgemeinen 167. ibi. So befinden wir und mit uns
„ Chur-Fürsten und Stände nach reiffer wohlbedächtli-
„ cher Überleg- und Berathschlagung der Sachen/ be-
„ rührte Translation noch zur Zeit nicht thunlich.

§. X. Doch kan gleichwol dasselbe auf eine Zeit lang an einen andern Orth verlegt werden/ wann der Keyserliche Cammer-Richter
und Herren Beysitzere entweder der Kriegs Unruhe/ oder auch ein-
reissenden anfälligen Seuchen halber es für nöthig befinden/ und Ihre Keyserliche Majestät solches zugleich erlauben und ihren consens
darzu geben. C. G. O. part. 2. tit. 34. R. A. de Anno 1570.
§. Dieweil dann auch 103. ibi. Daß Cammerrichter und
Beysitzer/ da die solche Translation fürzunehmen be-
dacht/ uns dasselbig zeitlich zuschreiben sollen.

II.

Von den fürgeschriebenen Ordnungen/ wor-
nach sich beydes das Cammer-Gericht/ als auch der
Keyserliche Reichs-Hof-Rath zu richten.

§. I.

Gleichwie alle und iede wohlbestellte Gerichte ihre für geschriebene Ordnungen und Gesetze haben; Also seynd auch diese beyden höchsten Gerichte des Römischen Reichs mit dergleichen verse-
hen/

hen/nach welchen die vorfallende Streitigkeiten und Rechts-Sachen rechtmäßiger Weise in Verhör gezogen und entschieden werden.

§. II. Das Keyserliche Cammer-Gericht hat bey nahe so viel Ordnungen überkommen/ als im Römischen Reich/ Teutscher Nation/ Reichs-Täge sind gehalten worden. Erstlich/ wie es gemeiniglich zu geschehen pflegt/ seynd demselben gar kurtze Ordnungen fürgeschrieben worden/ welche aber in folgenden Zeiten auf gehaltenen Reichs-Versammlungen allezeit erweitert und mit andern darzu kommenden Satzungen vermehret worden. Unter denen allen die Beste und Vollkommenste ist/ so aus den ältern von dem 1495. Jahr an biß auf das 1546. Jahr publicirten Ordnungen Anno 1548. zu erst verfertiget/ und von Keyser Carln dem V. auf dem im Jahr 1555. zu Augspurg gehaltenen Reichs-Tage promulgirt und heraus gegeben worden/ und diese wird auch von denen Autoren insgemein und als gültig angeführet/ wie dann auch derselben einzig und allein in des itzo regierenden Römischen Keysers Leopoldi I. Capitulation Artic. 38. Meldung beschicht.

§. III. Nachdem aber selbige durch die darauf folgende Reichs-Constitutiones, Deputations Abschiede/ SCta Cameralia oder Gemeine Bescheide und andere dergleichen jüngere Satzungen an vielen Orthen verbessert/ erkläret und vermehret worden: Als hat Keyser Rudolff der II. mit der Reichs-Stände einhelligem Rath und Bewilligung/ dem Cammer-Richter und dessen zugeordneten Assessoren im Jahr 1598. anbefohlen/ daß sie etliche aus ihrem Mittel/ beyderley Religion/ erwehlen solten/ welche berührte Ordnung mit sonderbaren Fleiß durchsehen/ und die in denen Reichs-Constitutionen und andern Satzungen hin und wieder sich befindende Materien an ihren gehörigen Orth setzten und in einen Band zusammen fasseten. Wie nun dieses Werck glücklich und nach aller Wunsch zum Ende gebracht war/ haben sie solches das Concept der verneuerten Cammer-Gerichts-Ordnung/ insgemein aber das Cammer-Concept genennet/ und solches Chur Mäyntz überschicket/ welcher es auf dem im Jahr 1603. gehaltenen Reichs-Tage der sämptlichen Reichs-Stände vernünfftigen Gutachten unterworffen.

§. IV. Als aber so wohln auf diesem/ als im nechst darauf folgenden

den im Jahr 1613. gehaltenen Reichs-Convent dessen Publication verhindert/ auch auf folgenden Reichs-Tägen ebenfals hierinne nichts gethan und verrichtet wurde/ und mittler Zeit ermeltes Cammer-Concept beedes durch die Reichs- Constitutiones, insonderheit aber dem im Jahr 1654. gemachten Reichs-Abschied/ als auch die jüngern ergangenen gemeinen Cammer-Bescheide an vielen Orthen verbessert/geändert/auch wol gantz und gar abgeschaffet worden; Als hat denen Ständen auf der in itztgemeltem 1654. Jahr zu Regenspurg gehaltener Reichs-Versamlung gefallen/ daß solches bey künfftiger Cammer-Visitation, durch die Herren Visitatores, mit Hülffe und Zuthun der Herren Beysitzere und fürnehmsten Procuratoren, durchsehen und verbessert/das gantze Werck auch præparatoriè also eingerichtet werden solte/ damit es auf nechst-künfftigen (Heutigen) Reichs-Tage endlich zu seiner Vollkommenheit gelangen möge. R. A. de anno 1654. §. Das Anno 1613. begriffenes. 134.

§. V. Nachdeme aber angeregte Visitation noch nicht angeordnet/ deß offtgedachten Concepts Durchseh- und Verbesserung auch ebenfals noch nicht vorgenommen worden; So ist dahero kaum zu hoffen/ daß auf itzigen Reichs-Tage dessen ratification und promulgation erfolgen werde.

§. 6. Immittelst hat der Wohl-Edle Herr D. Jacob Blum/ unser hochgeehrter Freund/ꝛc. Hand angelegt/ und mit rühmwürdigen Fleiß und grosser Arbeit mehr gemeltes Cammer-Concept revidirt, die in den vorigen Exemplarien/ insonderheit aber auf dem Rande unzehlich eingeschlichene Druck-Fehler verbessert/wo nöthig loca parallela hinzu gesetzet/die Authentische Texte aus den Abschieden und Memorialen der gehaltenen Visitationen, wie nichts weniger hin und wieder angeführten Consultis Cameræ an iedem Orthe ordentlich hinzu gethan/ und allenthalben fügliche Anmerckungen darbey gemacht/ was durch die jüngern Vergleiche und gemeinen Bescheide/ von Anno 1613. an/ biß auf gegenwärtige Zeit/ verbessert/ confirmirt ercläret oder gäntzlich abrogirt worden/und solches Werck/ mit Ihrer Chur-Fürstlichen Gnaden zu Maynz/ꝛc gnädigster Bewilligung und Freyheit/in öffentlichen Druck heraus gegeben.

§. VII. Es

§. VII. Es ist nicht gar lang/ daß von einem diese Frag auf die Bahn gebracht wurde/ weiln dieses neu herauß gegebene Cammer-Concept einige Krafft und Würckung einer Pragmatischen Satzung noch nicht überkommen habe/ und sehr zu zweifeln/ ob der Keyser und die Teutsche Fürsten solches confirmiren würden/ ob dahero daßelbe beständig und mit einem Nachdruck allegirt werden könte? So wird doch gleichwohl Niemand in Zweifel ziehen/ daß solches nicht ohne Nutzen gelesen/ und ihme aller guter Glaube zugestellet werden könne. Dann allenthalben die eigendliche und außdrückliche Worte der Constitutionen und Abschiede/ wie ingleichen der Gemeinen/ von dem Keyserlichen Cammer-Richter und dessen zugeordneten Assessoren promulgirte Bescheide (welche/ was den Gerichtlichen Proceß betrifft/ guten Fug und Macht haben ichtwas zu ändern oder von neuen zu verordnen. H. G. O. part. 2. tit. ult. R. A. de anno 1654. §. Diesem nechst 34. verb. dem arbitrio Judicis) in selbigen zu befinden seyn. Ja es wird auch in der Ordnung der Materie kaum etwas desiderirt werden können/ also/ daß noch im Zweifel/ ob die Reichs-Stände etwas mehrers/ als in der neuesten Edition beschehen/ hinzu setzen oder verbessern werden.

§. IIX. Biß hieher ist von der Cammer-Gerichts-Ordnung gehandelt worden/ Nun wollen wir zur Reichs-Hof-Raths Ordnung schreiten. Dann obwohln nicht allein in dem jüngsten Reichs-Abschiede von Anno 1654. §. Es sollen auch 137. gesetzet und verordnet worden/ daß nach der Richtschnur der Cammer-Gerichts-Ordnung der Gerichtliche Proceß durch das gantze Römische Reich in allen Niedern Gerichten/ so viel iedweden Orths Gewonheit zuließ/ angeordnet werden solte/ sondern auch in den Oßnabrückischen Frieden-Schluß Art. V. § 54 außdrücklich begriffen/ daß auch bey dem Keyserlichen Reichs-Hof-Rath die Cammer-Gerichts-Ordnung durchgehends gehalten und in acht genommen werden solte: So hat doch nichts desto weniger dieses Keyserliche Hof-Gericht über itzt gemelte Cammer-Gerichts-Ordnung/ deren es in den meisten Stücken folget (R. H. O. Tit. 2 §. So wollen wir auch. ibi. auch so viel müglich/ deßelben Unsers Keyserlichen Cammermer-Gerichts-Ordnung und in allen Sachen gewöhnlichen Proceß/ Termin und Solennitäten gebrauchen und obſerviren:) ſeine ſonderliche von den Römiſchen Keyſern fürgeſchriebene Ordnung/ welche Ihre Keyſerliche Majeſtät Ferdinand der III. allerglorwürdigſten Andenckens im Jahr 1654. erneuern und zu Regenſpurg durch den Druck publiciren laſſen.

§. IX. Ob nun wohl von Ihrer Keyſerlichen Majeſtät die Reichs-Stände umb communication derſelben zu behöriger Durchſehung und Beybringung Ihrer Erinnerungen alleruntertänigſte Anſuchung gethan; So iſt doch ſelbige nebſt andern wichtigen Materien biß auff Nechſten (Heutigen) Reichs-Tag in ſuſpenſo gelaſſen worden. Unterdeſſen hat in der neuen Leopoldiniſchen Capitulation art. 41. die itzo regierende Keyſerliche Majeſtät dieſer verneuerten Ordnung in allen nachzukommen ſich reſpective mit einem Eyde verbunden (derohalben auch ſolche von den Chur-Fürſten ,, tacitè approbirt worden) ibi. **Wir wollen auch die neu auf-**
,, **geſetzte und von unſern Vorfahren/ Glorwürdigſten**
,, **Andenckens/** approbirte **Reichs-Hof-Raths-Ord-**
,, **nung** (es ſey dann/ daß bey künfftigen Reichs-Tag ein
,, anders verordnet werde) feſt halten laſſen.

§. X. Dahero dañ auch die Keyſerlichen Herrn Reichs-Hof-Räthe dieſer Reichs-Hof-Raths Ordnung in allen nach gehen/ und ſelbige (allermaſſen ſie ſolches ſelbſt bekennen) genau in Obacht nehmen. Wannenhero auch wir zu Bekräfftigung deſſen/ was in folgenden ſoll gemeldet werden/ ſelbige umb ſo viel ſicherer werden allegiren können.

Der Erſte Diſcurs.
Von der Juriſdictione concurrente der beyden höchſten/ im Römiſchen Reich angeordneten Keyſerlichen Hof- und Cammer-Gerichte/ und andern zu dieſer Materie gehörigen Sachen

Das

Das I. Cap.

diction oder Gerichts Zwang
ıd wie weit solche gemelten zweyen
eichs-Gerichten zustehe.

§. I.

e Rebublicq, der Politicorum Meinung nach/
nd Ordnung ist/so wohln derer so gebiethen/ als
e gehorchen; So muß auch selbige ihre gewisse
estalt haben/ von welcher die Gebietende den
lbige nun ist eine offentliche Macht und Ge-
das Regiment zu führen. Und ist entweder
:ns. Summa ist die jenige/welche bey dem/so der
ist/stehet. Dependens aber/ so von dem/wel-
t und Gewalt hat/ auf andere gebracht wird.
hmlich mit solchen Sachen zu thun/ darüber in
:n wird; Nach gemeinen Keyserlichen Rechten
yen Handlungen/und wird außgeübet so wohl
efehl/ als durch Zwang. Jene wird genen-
mperium. Die Jurisdiction (welche von an-
ex oder in specie sic dicta genennet wird) wird
ı Obrigkeit wegen zustehende Macht und Ge-
gerlichen Sachen (so fern sie den Peinlichen
en) ichtwas zu befehlen. Imperium aber ist
und Gewalt ichtwas in den vorfallenden Ge-
ınter auch die Peinlichen begriffen) zu gebie-
Ind diese wird von andern Jurisdictio in ge-
hlu mit Unrecht/ denn Jurisdictio in gemeinen
in einem solchem allgemeinem Verstande nicht
st selbiges entweder merum oder mixtum. Me-
Bericht wird beschrieben daß es sey eine durch
stehende offentliche Macht und Gewalt/in
twas zu straffen/ und dieses wird von andern
genenet. Mixtum, oder das Nieder-Gericht
ine von Obrigkeits wegen zustehende Macht
und

und Gewalt in Civil-Sachen ichtwas zu gebiethen oder zu straffen/ und solches wird von andern Jurisdictio Civilis genennet.

§. II. Das Keyserliche Cammer-Gericht hat Jurisdictionem Civilem und nicht Criminalem, welches zur Gnüge bekand/ alldieweiln es ein Bürgerlich Gericht ist/ eben wie der Reichs-Hof-Rath/ dann die Peinlichen Sachen/ **die Leib-Straf auf ihn tragen C. G. O.** part. 2. tit. 28. §. Item. **Nachdem,** weder in erster noch andern Instantz bey gemelten zweyen Gerichten statt finden **C. G. O.** citat. loc. R. A. de anno 1530. §. Item **als itzt etliche Zeit.** Worbey aber außgenommen werden (1.) Sachen so einen Fried-Bruch betreffen (2.) die dem Keyserlichen Fisco verwircket und anheim gefallen (3.) So etwann eine Peinliche Sache/ die fürnehmlich und insonderheit ex capite nullitatis deducirt worden/ entweder an das Keyserliche Cammer-Gericht oder den Reichs-Hof-Rath gedeyhet. Mynsing. Observat. cent. 4. Observat. 42. (4.) Wann nicht so wohl und Hauptsächlich von der That selbsten/ als des Richters Competenz disputirt und gestritten wird. (5.) So es noch Zweifelhafftig/ ob die Sache Peinlich sey. Ob aber dieser bey dem Reichs-Gerichte Jurisdiction ordinaria oder delegata sey? will noch mehr gezweifelt werden. Wir halten darfür/ daß das Cammer-Gericht ordinariam Jurisdictionem habe/ alldieweiln solche auß einem stets wehrendem Reichs-Gesatz/ nehmlich der **Cammer-Ordnung** fundirt, welche der Cammer von dem Keyser und sämptlichen Reichs-Ständen fürgeschrieben werden. Nun aber ist iedwede Jurisdictio, so durch ein Gesatz verliehen wird/ ordinaria, nach aller Rechts-Lehrer Meynung. Uber diß kan der Keyser die einmahl am Cammer-Gericht anhängig gemachte Sachen nicht wiederumb avociren, wie unten c. 3. §. 7. soll erwiesen werden. Welches ebenfals ein Kennzeichen Jurisdictionis ordinariæ ist. Endlichen/ so höret Jurisdictio delegata auf/ wann der Obere Constituent mit Tode abgehet/ Gilhauß. Arbor. Judic. part. 1. cap. 1. §. 7. n. 44. allein des Cammer-Gerichts Jurisdiction exspirirt und verlischet keines Weges durch des Keysers Ableiben/ welches eben eine Anzeigung ist/ daß solche nicht delegata sondern ordinaria. Also hat nach tödtlichen Hin-

Hintritt Keysers Ferdinandi III. zur Zeit des Reichs Unterbruchs (interregni) das Cammer-Collegium sein Ampt in Ertheilung der Justitz beständig verwaltet/ indeme es beydes die offentliche Audientzen celebrirt, als auch Proceß-Sachen decerniret und erkennet/ bloß hat deren Außfertigung in der Cantzley so lange in suspenso verbleiben müssen/ biß das Siegel/ auf welches der Herren Reichs-Vicarien Insignia gedruckt/ dahin gebracht worden/ unter deren Nahmen und Insigel hernachmahls diese Processe außgefertiget worden. Adde Schvvan. Obſerv. Cam. 3. n. 6. & seqq.

§. III. Hier möchte iemand einwenden und sagen: daß der jenige/ so propriam und ordinariam Jurisdictionem hat/ selbiger sich in seinem eignen/ und nicht in eines andern Nahmen gebrauchet/ arg. L. 3. ff. de offic. ejus cui mand. est Jurisd. Nun aber verrichtet das Cammer-Gericht/ es sey auch was es wolle/ alles unter dem Keyserlichen Titul und Insiegel/ wie wir unten im folgenden Discurs weitläufftiger anführen werden. Darauf geben wir zur Antwort: Daß zwar das Keyserliche Cammer-Gericht Ordinariam Jurisdictionem, aber nur als minus principalem, dependentem und vicariam habe. Denn die Cammer das Ober-Haupt im Reich repræsentiret und statt dessen richtet/ Mynſ. cent. 4. Obſerv. 5. Ein Vicarius oder Stadthalter thut nichts in seinem eignen/ sondern in dessen Nahmen/ dessen Stelle er vertritt/ Wesenbec. Parat. in C. de Offic. Vic. n. 1 Doch halten die Rechtsgelehrten dafür/ daß/ wenn ein Vicarius generaliter constituirt, selber seine eigene Jurisdiction und Botmäßigkeit habe. Scip. Gentil. libr. 2. cap. 9. Menoch. 2. præsumt. 14. n. 3. Also hatte vor Zeiten der Præfectus Prætorio seine ordentliche Jurisdiction und Gerichte/ und gleichwohl hat es den Nahmen/ daß Er an statt deß Keysers (oder wie Cassiodorus libr. 6. Epistol. redet) vice sacrâ richtete. Derohalben auch des Cammer-Gerichts Jurisdiction, ob selbige gleich vicaria und dependens, dennoch ordinaria ist.

§. IV. Eine andere Beschaffenheit hat es mit deß Reichs-Hof-Raths Jurisdiction, dann selbige bey Verledigung deß Keyserlichen Throns ruhet. So bald der Keyser mit Tode abgangen/ werdē sämptliche Acta von dem Cantzley-Registratore versiegelt und verwahret/ und wird weiter nichts fürgenommen. Unterdessen aber bestellet ieder

Vica-

Vicarius, so weit sich dessen Vicariat im Reich erstrecket/ sein Vicariat-Gericht/ und werden so dann die darinnen ergangene Acta nach geendigten Interregno zu deß neuerwehlten Keysers Hof-Lager übersendet. Weiln sich nun dieses also verhält/ so ist daraus offenbahr/ daß des Keyserlichen Hof-Gerichts Jurisdiction nur delegata, nicht aber ordinaria sey/ dergleichen das Keyserliche Cammer-Gericht hat/ wie im vorhergehenden §. dargethan und erwiesen worden.

§. V. Weiln aber am Keyserlichen Reichs-Hof-Rath fast gantze Proceß Sachen denen hierzu verordneten Commissarien zum offtern delegirt zu werden pflegen/ so möchte es dahero bey einem und dem andern das Ansehen gewinnen/ als ob der Keyserliche Reichs-Hof-Rath ordinariam und nicht delegatam Jurisdictionem habe. Allein/ wir geben zur Antwort: Ob wohln dergleichen Commissiones bey dem Reichs-Hof-Rath öffters angeordnet werden/ so hat es doch die Meinung nicht/ daß der Reichs-Hof-Rath dergleichen Proceß der Sachen zu delegiren pflege/ sondern der Keyser selbsten/ welcher Commissarien verordnet/ und Ihnen Macht und Gewalt giebt/ daß sie in dergleichen Sachen biß zum Urtheil verfahren mögen. Das Cammer-Gericht hingegen/ ob es wohl ordinariam Jurisdictionem hat/ wie oben erwiesen worden/ pfleget mit nichten einen gantzen Proceß der Sachen zu delegiren, kan auch solches nicht thun/ alldieweiln die Personen nach ihren Fleiß und Geschicklichkeit erkieset werden. C. G. O. part 1. tit. 3. Dannenhero daselbst eine völlige durchgehende Delegatio einer Rechts-Sache nicht geschehen kan/ sondern nur etzlicher particular-Gerichts-Sachen/ und welche sonsten per subsidium Juris vorgenommen zu werden pflegen/ als da seynd: Zeugen verhören/ Transsumpt. der Instrumenten/ Inspectiones locorum oculares und dergleichen. Ist dennoch ein ziemlicher Unterscheid unter denen Commissionen, so von dem Cammer-Gericht/ und denen/ so von dem Keyser zu Verhör der Sachen ergehen. Von welchen wir in folgenden Discurs cap. 2. §. 6. handeln werden.

Das II. Cap.
Von der Jurisdictione concurrente, beydes/ deß Keyserlichen Reichs-Hof-Raths/ als auch des Cammer-Gerichts.

§. I.

§. I.

ES haben die jenigen/ so von dem Reichs-Rechte geschrieben/ schon für längst gar embsig über dieser Frage gestritten: Ob diese beyde höchste Reichs-Gerichte/ nehmlichen das Cammer-Gericht und der Keyserliche Reichs-Hof-Rath/ concurrentem Jurisdictionem hätten? Oder/ darmit wir mit Herrn Limnæo Statum controversiæ etwas deutlicher formiren: Ob diejenigen Rechts-Sachen/ welche unter des Cammer-Gerichts Jurisdiction gehörig/ auf solche Art und Weise hingehören/ daß sie diß Orths nothwendig abgehandelt/ keines Weges aber für dem Keyser in dessen Reichs-Hof-Rath fürgetragen und geschlichtet werden könten/ sondern kurtzumb von daraus hinwieder an das Cammer-Gericht remittirt werden müssen?

§. II. Von dieser Frage handelt itzt wohlgedachter Herr Limnæus in seinem 9. Buch de Jur. Publ. Roman. cap. 4. durchgehends sehr weitläufftig/ woselbsten Er viel Cameralisten allegirt, und deren Gründe pro und contra anführet/ doch die Erörterung dieser Frage suspendirt. Ingleichen haben hiervon weitläufftig geschrieben/ Arumæus Vol. 1. de Jure Publ. Discurl. 13. q 4. Besold. de Jurisd. Rom. Imper. q. 12. Thom. Mich. de Jurisd. thes. 35. Petr. Heig. part. 1. qv. 9.

§. III. Wir (doch unvorgreifflich eines andern besserer Meinung) halten darfür/ wann diese Frage durchgehends von allen Rechts-Sachen formiret würde: Ob nehmlich diese beyde Reichs-Gerichte/ ohne der Sachen Unterscheid/ concurrentem Jurisdictionem hätten? daß die negativa sonder allen Zweifel wahr sey/ alldieweiln offenbahr/ daß der Keyserliche Reichs-Hof-Rath im Nahmen des Keysers über die streitigen hohen Reichs-Lehen/ als da seind: Fürstenthum/ Hertzogthum/ Graffschafften/ ꝛc. zuerkennen/ (deren Erkäntnüs dann ihme der Keyser einzig und allein vorbehalten C. G. O. part. 2. tit. 7. Ga l. libr. 1. Observat. 1. n. 31.) deßgleichen über Ertheilung Keiserlicher Privilegien und deren Bekräfftigung/ wie auch Conferirung der Dignitäten und anderer dergleichen Rechts-Sachen und negotien Rath zu halten pflege (von welchen unten Cap. 4.) worein sich doch das Keyserliche Cammer-Gericht niemahls mit eingemischt/ auch sich nicht einmischen können/ dahero denn

denn auch in diesen und dergleichen Sachen deß Cammer-Gerichts concurrentia Jurisdictionis keines Weges statt hat/ sondern es werden dergleichen Sachen nur am Keyserlichen Hofe in Verhör gezogen und erörtert.

§. IV. Doch aber/ wann in particulari sothane Frage fürgebracht würde: Ob nehmlichen das Keyserliche Hof- und Cammer-Gericht in gewissen Sachen concurrentem Jurisdictionem hätten? So bejahen wir dieses ungescheuet: Wie solches außdrücklich zu erweisen aus der R. H. O. Tit. 2. §. So wollen wir auch. ibi.
„ So wollen Wir auch/ daß Unser Reichs-Hof-Rath
„ sonsten und in denen Fällen/ darinnen Wir und Unsere
„ Vorfahren am Reich/ Unserm Cammer-Gericht con-
„ currentem Jurisdictionem zu mehrer Beförderung der
„ Partheyen und Unserer Übertragung mitgetheilet ha-
„ ben/ demselben seinen starcken Lauff lassen/ und per avo-
„ cationem causarum nicht verhindern/ wann nehmlich
„ solche Sachen albereit daselbst durch außgewirckte und
„ insinuirte Citation anhängig gemacht worden.

§. V. Etliche haben statum qvæstionis also gesetzt: Ob nehmlichen der Keyser mit der Cammer concurrentem Jurisdictionem habe? Welches sie dann für eine ungereimte Sache gehalten/ gleich ob man fragen wolte: Ob derselbe mit sich selbst concurriren könne? Also schreibt der Autor des gründlichen Berichts/ ob der Keyserliche Hof-Rath mit dem Keyserlichen Cammer-Gericht concurrentem
„ Jurisdictionem habe? am 50. Blat: Daß zwischen der Key-
„ serlichen Majestät und dem Keyserlichen Cammer-
„ Gericht per rerum naturam keine concurrentia Juris-
„ dictionis könne statt haben/ sintemahl die Jurisdictio
„ die in Camerâ administrirt wird/ eben der Keyserlichen
„ Majestät Jurisdiction ist. Dem sey aber/ wie ihm wolle/ ob gleich der Keyser dem Cammer-Gericht Jurisdictionem verliehen/ so ist es doch weder ungereimt noch seiner Art und Eigenschafft nach

unmüg-

unmüglich/daß Er sich deren auch nicht solte gebrauchen können/dann derselbe solche nicht privativè, oder abdicativè sondern cumulativè, wie man zu reden pflegt/der Cammer mitgetheilet/nehmlich zu seiner Ubertragung und daß diese ein Theil der beschwerlichen Rechts-Sachen über sich nehme. Besihe Hillig. ad Donell. libr. 17. Comm. c. 9. lit. N.
Dan eben dieser Ursach wegen das Cammer-Gericht eingesetzt worden/ daß die Römischen Keyser und deren Hof-Gericht der grossen Last der Rechts-Sachen/ so sich von Tag zu Tage überhäuffet/ etlicher maßen erleichtert und überhoben würden. Dannenhero thun die jenigen sehr übel/welche das/ was in favorem der Römischen Keyser eingeführet worden/ zu Verkleinerung dero Macht und Hoheit anzuziehen sich bemühen.   Und stehet demnach unser Meinung und Satz feste/daß der Keyser in dem Reichs-Hof-Rath eben so wohln über solche Sachen/ in welchen des Cammer-Gerichts Jurisdiction gegründet/ erkennen/ und derohalben mit dieser concurriren könne/ und die solches nicht wollen zugeben/ wissen in Warheit nicht/ was sie sagen.

§. VI. Wir gerathen dahero in eine andere hochwichtige Frage/ so von der ersten herrühret: Ob nehmlichen und zu welcher Zeit zwischen diesen beyden höchsten Gerichten mutua præventio statt finde? Allein von selbiger wollen wir in einem absonderlichen Capitul/ so kurtz nach diesen folget/reden und handlen.

§. VII. Etwas weniges ist noch zu melden/ von den jenigen Sachen/in welchen concurrentia Jurisdictionis und derohalben auch mutua præventio kan und pfleget vorzukommen/und zwar was Sachen den gemeinen Land- auch Religions Friedbruch anlanget/ welches in beyderseits concurrentia Jurisdictionis zugelassen werden soll/ seynd dißfals nicht allein die Texte klar in der C. G. O. part. 2. tit. 9. §. 2. & seq. R. A. de Anno 1566. §. Und nach dem 6. v. Wir wollen auch. Sondern es erhellet auch auß ob angezogenem Beweißthum: Daß nehmlich der Keyser/indem Er dem Cammer-Gericht Jurisdictionem mitgetheilt/sich deren keines Weges entzogen und begeben/ sondern ihme solche gantz vollkommen vorbehalten habe/ zur Gnüge/ daß in den andern Arthen der Rechts-Sachen/ in welchen die Botmäßigkeit oder Gerichts-Zwang deß Keyserlichen

Cammer-Gerichts in erster Instantz gegründet/ der Reichs-Hof-Rath eben so wohl seine Jurisdiction und Botmäßigkeit habe/ja es bezeuget solches die tägliche Erfahrung mit mehrern. Wie dann ebenfals offenbahr und am Tage/daß von denen Urtheln der Unterrichter/welche nicht schlechter Dings mit der Freyheit/ daß man von ihnen nicht appelliren kan/begnadet seyn/oder/so diese dergleichen Freyheit nur auf eine gewisse Summ zu geniessen haben/iedweden frey stehet in summa appellabili entweder an den Keyser und dessen Reichs-Hof-Rath/ oder aber an das Keyserliche Cammer-Gericht zu provociren.

Das III. Cap.
Von des Cammer-Gerichts und Keyserlichen Reichs-Hof-Raths gegen einander habenden Prævention.

§. I.

IN vorhergehenden ist gemeldet worden/ daß das Keyserliche Hof- und Cammer-Gericht in etlichen Sachen concurrentem Jurisdictionem haben. Nun aber hat zwischen den jenigen Richtern/ welchen concurrens Jurisdictio zustehet/ die præventio oder præoccupatio statt. Es wird aber darfür gehalten/ daß einer dem andern in der Jurlsdiction sey zuvor kommen/wann die Klag-Sache oder streitige Händel bey einem anhängig gemacht worden. Nun fragt sichs/ wenn die Klag-Sache in dem Gericht anhängig werde? Hiervon redet der Text klar in der R.H.O. Tit. 2. §. So „wollen wir auch/ verb. Wann nehmlich solche Sachen „allbereit daselbsten durch außgewirckte und insinuirte „Citation anhängig gemacht worden. Welches dann Gail. libr. 1. obs. 74. n. 17. Deßgleichen Mynsing. 4. Observ. 26. und andere ebenmäßig lehren/ daß nehmlich die litis pendenz sich anfange: Wann die Ladung dem Beklagten rechtmäßiger Weise insinuirt worden. Es soll aber der Ladung das Klag-Libell mit einverleibet oder beygefüget seyn/ darmit der Beklagte ersehen und vernehmen könne/ warumb er von Klägern belanget werde. R. A. de anno de anno 1654. §. Diesem nechst 34. in fin. verb. Darmit der Citirte in diesem allen sich wohl ersehen/ꝛc. Dann/ ehe und bevor Kläger seine Klag-Schrifft überreichet/ ist nicht darfür zu halten/daß eine Sache anhängig gemachet worden. Zang. de Excepr. part. 2. cap. 13. n. 10. Ursach dessen ist diese: Weiln Beklagten vorher noch unbewust warum er verklagt werde/kan derohalben nicht gesagt werden/ daß die Sache/ so viel Beklagten anlanget/ anhängig worden/ ehe und bevor ihme die Ladung zukommen.

§. II. Und dieses verhält sich also/ was den Beklagten anbetrifft/ Klägern belangend/ fängt sich respectu seiner die litispendenz an/ so bald als ihme wissend worden/ daß die Ladung erkennet/ ungeachtet solche noch nicht außgefertiget/ oder Beklagten insinuirt worden. Roman. Consil 330. n. 2. Menoch. de A. J. Q cas. 202. n. 8. Und dieser Meinung wird am Cammer-Gericht nach gegangen/ allwo alsbald nach erkandter Ladung die Documenta litis pendentiæ pflegen communicirt zu werden. Dahero erfolget/ wann nach erkandter Ladung/ ob selbige gleich Beklagtem noch nicht zukommen/ Kläger sich an den Keyserlichen Reichs-Hof-Rath wenden wolle/ er solches nicht thun könne/ alldieweiln die Sach bey dem Cammer-Gericht allbereit anhängig worden.

§. III. Wann aber Kläger und Beklagter/ beyderseits durch das Urthel des Unterrichters beschweret/ zugleich appelliren, einer an den Keyserlichen Reichs-Hof-Rath/ der ander aber an das Cammer-Gericht/und der so an die Cammer appelliret, zwar zu erst Ladung erlanget/der ander aber die Citation von dem Keyserlichen Reichs-Hof-Rath etwas später überkommt/ gleichwohl selbige eher als der ander insinuiren lässet/ so fragt sichs wo die litispendenz sey? Darauf geben wir zur Antwort/ daß solche dem Keyserlichen Reichs-Hof-Rath zustehe/ nach außweisung der Gloss. in C. 59. verb. assignatæ de Appellat. Wenn da stehet: Si duo sint ordinarii, possum adversarium meum prævenire coram altero, qvem voluero eligere, non obstante, si Adversarius dicat, qvod volebat & deliberaverat me convenire coram alio, cum qvô tractaverat, nisi ipsius citatio prævenisset. Das ist:
„ Wann zwene ordentliche Richter vorhanden/kan ich meinen
„ Gegentheil/ bey einem und dem andern/ welchen ich erkiesen
will/

„ will/ vorkommen/ unerachtet Gegentheil wolte vorgeben/
„ daß er willens gewesen und bey sich beschlossen/ mich für einem
„ andern und mit welchen er tractirt, zu belangen/ woferne
„ nicht dessen außgegangene Citation wäre zuvor kommen.
Denn durch die außgebrachte Ladung (verstehe/ wann solche Beklagten insinuirt) wird zwischen den Richtern/ so concurrentem Jurisdictionem haben/ die prævention eingeführet. Gail. libr. 1 obs.
29. num. 4.

§. IV. Mit einem von dem Keyser verordneten Commissario verhält sich dieses/ wie Gylmann. Præjudic. Cameral. voc. præventio §. dubitabatur. schreibet/ viel anders/ dann er darfür hält/ daß durch blosse von ihm erkandte Ladung das Cammer-Gericht prævenirt werde; Käme aber die Cammer den Commissarium beydes mit Erkennung als auch insinuirung der Citation zuvor/ so wäre jene ordentlicher Richter. Welches dann gedachter Autor mit einem dißfalls ergangenen Urtheil bestärcket. Allein durch blosse aufgetragene Commission wird keine prævention zu Wege gebracht/ sondern es wird erfordert/ daß derjenige/ welchen durch die aufgetragene Commission Jurisdictio verliehen wird/ sich derselben anfange zu gebrauchen/ welches dann geschicht/ wann von ihme die Citation oder Ladung erkennt wird.

§. V. Diesen aber scheinet entgegen zu seyn/ daß eine Klage-Sache allererst von der Kriegs-Befestigung ihren Anfang gewinnet/ dahero man nicht sagen kan/ daß solche zuvorher anhängig gemacht worden. Hierauf wird geantwortet: Daß sich die litispendenz von der blossen Citation anfange/ was den Richter und die Partheyen betrifft/ was aber die streitige Sache an sich selbst anlanget/ hebet sich selbige von der litiscontestation an. Umm. Disput. 12. n. 23. Und auf solchen Schlag seynd die Rechte und deren Lehrer zu vereinigen/ welche vorgeben/ daß eine Klage-Sache bald von der Ladung/ bald von der Kriegs-Befestigung ihren Anfang nehme/ denn was den Richter und die streitende Partheyen anlanget/ ist die litispendenz schon für der Kriegs-Befestigung vorhanden. Wie dißfals ein merckwürdiger Text in der E. G. O. part. 2. tit. 9. §. ult. verb. vor oder nach der Kriegs-Befestigung. sich befindet.

§. VI.

§. VI. Ob aber darfür zuhalten/ daß die prævention statt habe/ wenn die Ladung weder erkennet/noch selbige insinuirt, sondern nur Schreiben umb Bericht erlanget und so fort gehöriges Orts eingehändiget worden/wird dieß Orths nicht so gar uneben gefragt? Wir halten darfür/ daß solches wahr sey/ (1.) Indeme der Richter durch Erkennung dergleichen Schreiben allbereit hat angefangen über der Sache zu erkennen/ welches dann eine Anzeigung einer prævention ist. Fürs (2) seynd nach Gylman. Meinung Præjud. Cameral. verb. præventio. auch die Præcepta extrajudicialia gnug eine prævention zu Wege zu bringen/ und dann (3) halten dergleichen Schreiben umb Bericht eben wohl einige Ladung in sich/alldieweiln derjenige/ wieder welchen solche außgewircket/ umb der Sachen Beschaffenheit zu demonstriren, citirt und geladen wird.

§. VII. Haben demnach diese beyde Reichs-Gerichte eines gegen den andern sich der prævention zu gebrauchen/ keines Weges aber stehet ihnen zu die inhibition oder der Sachen Abforderung für die Hand zu nehmen. Dann dem Keyserlichen Reichs-Hof-Rath die jenigen Sachen/ so einmahl am Cammer-Gericht anhängig gemacht worden/ zu avociren, oder sonsten auf andere Arth und Weise den Lauff der Gerechtigkeit zu hemmen verbohten/ nach Anleitung des R. A. de anno. 1654. §. Ebenmäßig sollen hinführo 166. Deßgleichen durch die Keyserliche Capitulation §.42. verb. Die
„ am Keyserlichen Cammer-Gericht zu Speyer aber an=
„ hängig gemachte und noch in unerörterten Rechten
„ schwebende Sachen von dar ab und an unsern Reichs=
„ Hof-Rath nicht abgefordert/ noch von Uns aufgeho=
„ ben und dagegen inhibirt, oder sonst auf andere Weise
„ rescribirt, auch was dargegen vorgenommen/ als null
„ und unkrässtig vom Cammer-Gericht gehalten/ ꝛc.
Wofern aber/ diesem zu wider/ entweder die Partheyen oder der Reichs-Hof-Rath sich ichtwas unterstehen solten/ solchenfalls wird anfänglich aus Ehrerbietung ein Documentum Litispendentiæ außgewircket/ und bey dem Keyserlichen Reichs-Hof-Rath loco de-
cli-

clinatoriarum übergeben. Wird nun dieses hindan gesetzt/ so ergehet darauf auß dem Cammer-Gericht (in Erwegung dergleichen Beginnen ipso Jure der Reichs-Constitutionen verbothen) ein poenal-Mandat sonder angehengte Clausul, an die Partheyen/ worinnen denenselben anbefohlen wird den Proceß zu continuiren und keiner dem andern in der angefangenen litispendenz verhinderlich zu seyn. Bißweilen wird so thanen Mandat mit inseriret, daß der ungehorsame Theil in dem anberaumbten Termin erscheine/ ansehe und vernehme/ wie wegen begangenen Ungehorsams er in die poen L. ult. §. ult. C. de in Jus voc. gefallen sey. Dergleichen im Jahr 1650. den 13. Dec. in causa Waldeck contra Paderborn und Consorten die Graffschafft Piermont betreffent/ geschehen. Und weiln uns berührtes Mandat unter handen kommen/ haben wir nicht für undienlich erachtet/ zu besserer elucidirung der Sachen/ solches/ soviel hierzu nöthig/ anzuführen/ welches denn also lautet:

Hierumb so gebiethen Wir Deiner Andacht und Euch sampt und sonders von Römischer Keyserlicher Majestät und bey poen 10. Marck löthiges Goldes/ halb in unser Keyserl. Cammer und zum andern Theil Impetrantischen Graffen ohnnachläßig zu bezahlen/ hiermit ernstlich/ und wollen daß Deine And. und Ihr alsobalden nach Erkundigung dieses/ ohne einigen Verzug/ Ein= oder Widerrede/ den wegen in der Graffschafft Piermont und andern prætendirten Lehen=Stücken vor vielen Jahren bey diesem Unserm höchsten Gericht Rechts=hängig gemachten Proceß so wohl in petitorio als in possessorio cum annexis causis & punctis hierselbsten der Gebühr nach anund fortführen/ der an Unsern Keyserlichen Reichs-Hof-Rath zu præjuditz hiesigen Cammer-Gerichtlichen litis pendenz per manifestam sub & obreptionem außgewirckter Citationen und Processus sich ferners
nicht

nicht anmassen/ oder denselben proseqviren, sondern offt ermelds diesesUnsern höchsten Gerichts Judicatur in allen diesen Sachen und Puncten endlich erwarten/ auch obgedachter litispendenz zu præjuditz ferner nichts sive per directum, sive indirectum vornehmen oder attentiren, deme also gehorsamlich nachkommen/ als lieb Ihrs und Euch seyn mag obangedrohete pœn zu vermeiden/ daran geschicht Unsere ernstliche Meinung.

Wir heischen und laden darneben deine And. und Euch von berührter Unserer Keyserlichen Macht/ auch Gericht- und Rechts wegen hiermit auf den 30sten Tag den nechsten nch beschehener insinuation dieses/ deren Wir Ihro und Euch/ zehen vor den Ersten/ zehen vor den andern/ zehen vor den dritten letzten und endlichen Rechts-Tag setzen und benennen peremptorie. Und ob derselbe kein Gerichts-Tag seyn würde/ dem nechsten Gerichts-Tag darnach/ selbsten/ oder durch einen Vollmächtigten Anwald an demselben Unserm Keyserlichen Cammer-Gericht zu erscheinen/ erstlich zwar glaubliche Anzeig und Beweiß zu thun/ daß obigem Unserm Keyserlichen Geboth alles seines Inhalts gehorsamlich nachgelebet sey/ oder wo nicht/ und deme gegen Zuversicht zuwider gehandelt werden solte/ alßdann wie nicht weniger zu sehen und hören deine And. und Euch umb dero Ungehorsams und obgesagter Thätigkeiten/ wie auch Uberfahrungs willen in die pœn L. ult. §. ult. C. de in Jus voc. gefallen seyn/ mit Urthel und Recht sprechen erkennen und erklären/ oder aber beständige/ erhebliche und in Rechten gegründete Einwenden/ ob Sie und Ihr einige hättet/ warum solche Erklärung nicht geschehen solte/ dagegen/ wie sichs gebühret/ vorzubringen/ darüber Unsers Keyserlichen Cammer-Gerichts endlichen Endscheid und Erkäntnüs zugewarten. Wann deine And. und Ihr kommen/ und erscheinen alßdann also oder nicht/ so wird doch nicht desto weniger auf deß gehorsamen

Theils oder seines Anw. anruffen und erfoderten hierinnen in Rechten mit gemeldter Erkündnüß/ erklären/ und andern gehandelt und procediret, wie sich deß/ seiner Ordnung nach gebühret. Darnach Sie sich und Ihr Euch zurichten/ ꝛc.

§. IIX. Kan demnach der Keyserliche Reichs-Hof-Rath/ einer am Cammer-Gericht einmahl anhängig gemachten Sache Rechtlichen Lauff auf keinerley Weg und Weise hindern/ wohl aber solchen befördern und beschleunigen. Dann ich kan am Keyserl. Reichs-Hof-Rath ein Keyserliches Rescript *pro excitandâ Justitiâ* an das Cammer-Gericht außwircken/ worin der Keyser auf des Parts Ansuchen der Cammer anbefiehlt/ daß sie die Sache schleunigst und geschwind zum Ende bringen solle. Hergegen aber kan/ gleichwie der Keyser dem Cammer-Gericht/ also auch dieses dem **Keyserlichen Commissario** pro excitandâ Justitiâ nicht anbefehlen/ sondern wann dieser in Ertheilung der Justiz sich säumig erweiset/ muß man sich dießfalls nicht bey der Cammer/ sondern bey dem Committenten beschweren. Also/ da im Jahr 1630. die Gemeinde zu Ganserdingen wider ihren Edelman den von Schlätten bey dem Cammer-Gericht supplicando einkommen/ und umb ein Mandat Sie über die gewöhnliche Frohn-Dienste nicht zu beschweren/ noch daß sie gezwungen werden möchten/ ihr Getreide in seiner Mühlen mahlen zulassen/ anhielten/ so hat die Cammer/ ehe und bevor sie in der Sache ferner verfahren/ ihrem in solchen Fällen habenden Gebrauch nach/ an vorermelten Edelman umb Bericht geschrieben. Dieser aber hat die allbereit am Keyserlichen Reichs-Hof-Rath habende prævention vorgeschützet/ zugleich auch den Inhalt der dießfalls angeordneten auch bereits angefangenen Commission in beglaubter Abschrifft dem Cammer-Gericht übersendet. Dahero die Cammer der Gemeinde Bitten abgeschlagen. Diese aber hat umb ein anders umb Ertheilung der Justiz an den verordneten Keyserlichen Commissarium, den Grafen von Fürstenberg/ angehalten. Nachdeme Ihr aber auch solches verweigert worden/ hat sie umb Promotoriales gebeten. Es sind aber auch diese den 7. Sept. gemelten 1630. Jahrs abgeschlagen worden/ keiner andern Ursach halber/ wie Verständige darfür gehalten/ als daß dergleichen Sach/ der prævention halber

halber des Cammer-Gerichts Jurisdiction keines Weges zugestanden/ sondern es hätte vorgemelte Gemeinde bey dem Keyser als Comittenten umb Befehl oder Promotoriales anhalten sollen.

Das IV. Cap.
Wañ dieser beyden höchsten Reichs-Gerichte nehmlichen des Cammer-Gericht und Reichs-Hof-Raths/ Jurisdiction in erster Instanz gegründet sey.

§. I.

BEy denen Gerichten werden alle Rechts-Sachen entweder per viam simplicis qverelæ (welche gemeiniglich die erste Instanz genennet wird) oder aber durch eingewandte Appellation (so die andere Instanz) für-und anbracht. Und eben auf solche Arth wird es in denen zweyen höchsten Gerichten des Röm. Reichs/ dem Keyserlichen Reichs-Hof-Rath und Cammer-Gericht/ gehalten. Wollen demnach zu erst ansehen/ auf was Weise dieser beyder Reichs-Gerichte Botmäßigkeit so wohln was die Partheyen/ als Rechts-Sachen anlanget/ in erster Instanz gegründet sey. So viel nun die Beklagten (nach deren Forum Klägere sich regulariter richten müssen) anlanget/ werden selbige/ wann sie dem Reich ohne Mittel unterworffen/ rechtmäßiger Weise entweders am Keyserlichen Reichs-Hof-Rath oder aber am Cammer-Gericht belanget/ es wäre dann das selbige ihre gesetzte Richtere entweder durch sondere Außträge der Ordnung besiehe die C.G.O. part. 2. tit. 27. oder aber durch gewillkührte Außträge C.G.O. part. 2. tit. 2. pr. vor sich hätten/ oder auch durch erlangte Keyserliche Privilegien oder auf andere Art und Weise/ von der Botmäßigkeit des Cammer-Gerichts und Reichs-Hof-Raths exempt wären. Denn daß das Cammer-Gericht die erste Instantzen genau in acht nehmen solle/ ist indem jüngern Reichs-A. von Anno 1654. §. Benebens 105. versf. die erste Instancias. Abermahls Erinnerung beschehen. Worzu dann auch in itzt bemelten Reichs-Abschiede. §. Was dann Churfürsten und Stände 168. Deßgleichen in der Reichs-Hof-Raths-Ordnung Tit. 2. §. Wir befehlen ibi. Privilegia der

D iij ersten

erſten Inſtantz/ Jura Auſtregarum &c. aller Gebühr nach ſorgſamlich in acht nehmen und den Reichs-Ständen unberührt verbleiben laſſen. Der Reichs-Hof-Rath ebenfalls außdrücklich verbunden wird. So aber doch einer der Mitbeklagten ſich der Freyheit der Außträge zugebrauchen hätte/ der andere aber nicht/ ſeynd ſie beyderſeits/ ob connexitatem cauſæ, für gemelten zweyen Reichs-Gerichten zu belangen/ dann Niemand für den Außträgen kan verklagt oder belanget werden/ der nicht unter ſie gehöret/ auch nicht mit demjenigen/ ſo dergleichen fähig iſt. Alſo ſeind/ zum Exempel/ die Rechts-Sachen der Schuldner und Jhrer Bürgen/ ſo wohln der Perſonen als der Sachen ſelbſt halber/ dergeſtalt mit einander verknüpfft/ daß für dem Gericht/ wo die Principal-Schuldner belanget werden/ auch die Sache derer/ ſo ſich als Bürgen verſchrieben/ daſelbſt abgehandelt und erörtert werden ſoll / darmit nicht continentia cauſæ zertheilet werde. Dieſer und dergleichen Fälle mehr/ in welchen die Außträge nicht ſtatt finden/ und *auf was Weiſe die Rechts-Sachen ſo wohln durch eingewandte* Appellation, *als ohne derſelben/ an das Cammer-Gericht gedeyhen/ werden von* Roding. libr. 1. Tit. 4. cap. 7. *angeführt.*

§. 11. Was die Sachen anlanget / ſo iſt ſo wohl des Keyſerl. Cammer-Gerichts/ als des Reichs-Hof-Raths Jurisdiction und Botmäßigkeit in erſter Inſtanz gegründet/ wann das factum an und vor ſich ſelbſten dermaſſen beſchaffen/ daß ſeiner Art und Eigenſchafft nach deſſen Erkäntnis und Erörterung (wann gantz keine Privileg.a erſter Inſtanz vorhanden) für dieſe beyden höchſten Reichs-Gerichte gehörig. Es werden aber zehnerley Arthen der Rechts-Sachen erzehlet/ als da ſeynd: Sachen den gemeinen Land und Religions-Fried-Bruch betreffende. (2) Fiſcal-Sachen. (3) Die eine ſtreitige Proceſs betreffen. (4) Pfändungs Sachen. (5) Arreſt-Sachen. (6) Sachen die ein Mandat ſine clauſula betreffen. (Dann Mandata cum clauſulâ gemelte beyde höchſte Reichs-Gerichte mit einigem Nachdruck nicht abgehen laſſen können/ es wäre dann/ daß ſo wohln ratione der Perſon als auch der Sach/ ſo ihrer Art und Eigenſchafft nach dahin gehörig/ dererſelben Jurisdiction und Botmäßigkeit gegründet ſey. Dann wann der Beklagte dem Reich nicht ohne

ohne Mittel unterworffen/ oder aber die Sach/ ihrer Arth und Eigenschafft nach/ dahin nicht gehörig/ pfleget wider Impetranten Exceptio incompetentiæ vorgeschützet/ und das erhaltene Mandatum cum clausulâ cassirt zu werden.) (7) Sachen die relaxationem Juramenti ad effectum agendi betreffen. (8) Wenn ex L. Diffamari. Klage angestellet wird. (9) Sachen die versagte oder verzögerte Justitz/ und endlich (10) Die Violirung eines Keyserlichen Privilegii betreffen. Von welchen allen und jeden Roding. libr. 1. Pandect. Cameral. tit. 6. & seqq. und andere mehr handlen.

§. III. Ingemein/ wann etwan wider die Reichs-Satzungen gehandelt und verbrochen wird/ pfleget der Beleidigte entweder am Keyserlichen Hofe oder Cammer-Gericht auß sothanen Constitutionen wider den Delinqventen oder den jenigen der solchen Satzungen zuwider gehandelt/ Processe zu erhalten/ ungehindert des Privilegii der Außträge oder anderer Freyheit. Denn weiln allhier/ was die Sach anlanget/ die Jurisdiction fundirt, so kan kein Privilegium personale darwider aufgebracht werden.

§. IV. Ob nun wohl in dergleichen Arthen der Rechts-Sachen dieser beyden höchsten Reichs-Gerichte Botmäßigkeit dergestalt fundirt, daß nicht darauf zusehen/ ob die streitigen Partheyen mit- oder ohne Mittel dem Reich unterworffen/ nach Anleitung der Rubric der C. G. O. Tit. 9. part. 2. Ord. Cameral. von Persohnen und Sachen/ die von ihrer Art und Eigenschafft wegen/ ungeachtet/ ob sie/ (die Personen) mit oder ohne Mittel dem Reich unterworffen/ in erster Instanz an das Keyserliche Cammer-Gericht gehörig. Nichts destoweniger aber wird auch in etlichen beydes des Klägers als Beklagten immedietät erfordert/ als in Sachen den Religions Friedbruch betreffend/ deßgleichen in Pfändungs- und Arrest-Sachen. In etlichen aber nur des Beklagten/ als in causa L. Diffamari. Daß aber dennoch allhier mehr auf den Stand und Beschaffenheit der Sache alß der Person geschehen werde/ erscheinet daraus/ daß dergleichen Sachen von der Botmäßigkeit der Außträge und andere durch perso-

nal

nal-Privilegia gesetzte Richter exempt und befreyet seyn / wie im vorhergehenden §. albereit von uns erwehnet worden.

§. V. Uber itzt erzehlte Sachen/ worinnen so wohl des Cammer-Gerichts als Keyserlichen Reichs-Hof-Raths Jurisdiction fundirt, gehören zu diesen letztern auch noch andere/ deren sich das Cammer-Gericht keines Weges anmasset/ noch sich darein mischet/ von welchen in der R. H. O. Tit. 2. in pr. wenn da stehet: Jn un-
„ serm Reichs-Hof-Rath sollen alle und iede Sachen/
„ das Heilige Römische Reich/ desselben Hoheit/ Recht/
„ Herrligkeit / Gerechtigkeit / Pfandschafft / Lösung/
„ Regalien, hohe und nieder Lehen/ Privilegien, Indult,
„ Confirmation und anders/ wie solches Nahmen haben
mag/ ꝛc. Welches alles daselbst gar schleunig/ doch mit gnugsamer der Sachen Verhör expedirt und verrichtet wird. Thue hinzu oben das 2. Cap.

Das V. Cap.
Auf was Arth und Weise so wohln am Keyserlichen Reichs-Hof-Rath als dem Cammer-Gericht die Sachen durch Appellation anhängig gemacht werden.

§.

Und solcher Gestalt werden bey diesen zweyen höchsten Gerichten des Römischen Reichs die Rechts-Händel per viam simplicis qvereiæ, in erster Instanz anhängig gemacht. Nun wollen Wir sehen/ wie solche per viam provocationis dahin gedeyhen. Welches sich dann begiebt/ wann sich iemand durch ergangenes Decret oder ander Vornehmen der Obrigkeit oder gesprochenes Urtheil des Unter Richters beschweret findet/ entweder an den Keyser oder das Cammer-Gericht appellirt, bißweilen geschicht solches Wechsels weise/ alß: Ich will hiermit entweder an Keyserliche Majestät oder an das Cammer-Gericht / appellirt haben. Bißweilen geschicht es conjunctim: Ich will hiermit an den Keyser und Keyserliches Cammer-Gericht mich beruffen haben. Bißweilen auf
andere

andere Arth und Weise/als: Ich provocire hiermit an das Cammer-Gericht oder anders mier dißfals zustehendes Judicium. Bißweilen geschicht solches schlechter dings/Worbey des Richters/an welchen appellirt wird/keine Meldung beschicht; Und hat allenthalben/weiln diesen beyden höchsten Reichs-Gerichten concurrentia Jurisdictioni, zustehet/die prævention statt/das ist: Die Appellation geschicht dahin/wo zu erst die streitige Sache anhängig gemacht worden/und eben so wird es gehalten wann zweene in gleicher Sach appelliren, einer an den Keyser/der ander an das Cammer-Gericht/denn ebenfals die prævention gültig ist. Besihe oben das 3. Cap. §. 3.

§. II. Darmit aber die eingewandte Appellation an diese beyde Reichs-Gerichte bestehe/wird erfordert/beydes daß dergleichen provocatio gradatim, nicht aber per saltum, daß man nehmlich Judicem intermedium, so einer vorhanden/vorbey gehe (die Exceptiones bestehe beym Roding. libr. 1. tit. 20. §. 6. & seqq.) vorgenommen werde/beydes auch daß die Summ der Klage-Sach also beschaffen/daß dißfalls appellirt werden könne. Im Anfang deß Keyserlichen Cammer-Gerichts hat man von iedweder Summ appelliren können/es wäre dann/daß diesen zuwider ein Privilegium vorhanden gewesen. Im Jahr 1521. aber ist gesetzt und verordnet worden/daß/wenn man hat appelliren wollen/summa appellabilis 50. Gülden außtragen müssen. C. G. O. de anno. 1521. art. 24. Nachmahls ist diese auf 150. Gülden gestiegen. R. A. de anno. 1570. §. Als wir dann 66. Welche Summa im Jahr 1600. verdoppelt und zu 300. Gülden angeschlagen worden. Deputat. Abschied de Anno 1600. §. Wiewohlen nun 14. Und diese ist im Jahr 1654. zum andern mahl verdoppelt und auf 600. Gülden oder 400. Reichsthaler erhöhet und vermehret worden. R. A. de ao. 1654. §. Vierdtens soll die Summa 112. Wofern nun Summa nicht appellabilis ist/wird die eingewandte Appellation nicht angenommen; Doch kan gleichwohl revisio Actorum von dem Unter-Richter/so das widrige Urthel gesprochen/gebeten/oder auch die dißfals ergangene Acta an ein Collegium der Rechts-Gelehrten zuschicken bey ihme angehalten werden. Dann solches so wohl durch den Députat Abschied de anno. 1600. §. Es soll aber 13. alß auch den Reichs-Abschied vom Jahr 1654. §. Doch mit diesem Zusatz 113. Denen Partheyen zu Trost nachgelassen und vergönnet worden. Wann aber diese gebethene Durchsehung der Acten oder dererselben Ubersendung an ein Collegium der Rechtsgelehrten verweigert wird/ ist kein Zweifel/ daß sowohln am Keyserlichen Reichs-Hof-Rath als dem Cammer-Gericht ein Mandat umb die gesuchte Revision zuzulassen/ oder daß man sich des Rechts der Reichs Constitutionen ungehindert gebrauchen möge/ außgewircket werden könne. Es fragt sich aber: Ob dergleichen Revisio Actorum auch in causâ appellabili kan gesuchet werden? welches wir mit Nein beantworten/ weiln remedium extraordinarium, dergleichen die Revision ist/ nicht statt hat/ wenn man sich eines ordinarii, nehmlich der Appellation bedienen kan. In denen Gerichten aber/ wo durch ein sonderbares privilegium de plané non appellando keine zu proviciren zugelassen wird (dergleichen auf Sächsischen Boden bräuchlich) ist doch gleichwohl vergönnet der Leuterung und Oberleuterung (darvon Herr D. Carpzov sel. Andenckens in seinem Sächsischen Rechts-Proceß Tit. 17. weitläufftig handelt/) oder anderer dergleichen Rechts-Wohlthat sich zugebrauchen. Wann aber dergleichen beneficia verwegert werden/ hat es eben darmit die Beschaffenheit/ was wir itzo von der Revision gemeldet haben. Also da in Sachen H. contra S. W. die begehrte Leuterung abgeschlagen und das Urtheil vollstrecket wurde/ ist bey dem Cammer-Gericht umb Verstattung der Leuterung/ wie auch umb ein Mandat de cassando, restituendo & non turbando nec amplius innovando S. C. angehalten worden/ alleines wurde darauf decretirt: Ist gebethenes Mandatum de concedendâ Leuteratione erkandt/ daß übrige Begehren aber abgeschlagen. In Consilio d. 1. Martii 1649. Wo nun die Appellation nicht zuläßlich/ ist doch keines Weges revisio Actorum und dererselben Ubersendung an ein Collegium der Rechtsgelehrten oder aber die Leuterung/ oder ander dergleichen in Rechten verordnetes oder durch Gewohnheit eingeführtes beneficium verboten.

§. III.

§. III. Es wird aber die Appellation nicht zugelassen/nicht allein/ wann Summa appellabilis nicht ist/ was die Cammer-Gerichts-Ordnung und Reichs Constitutiones anbetrifft/ sondern auch so sie dem dißfals vorhandenem privilegio nicht conform; Dann die meisten Reichs-Stände haben eine solche Freyheit/ daß von ihren gesprochenen Urtheln biß auf eine gewisse Summ nicht appellirt werden kan. Wo nun dergleichen Privilegium verhanden/ ist nicht genug daß summa appellabilis sey/ so viel die Reichs-Satzungen anlanget/ sondern es wird auch erfordert/ daß selbige dem Privilegio gemäß sey. Denn nachdem durch den im Jahr 1654. gemachten Reichs-Abschied die Summ/ unter welcher man nicht appelliren können/ erhöhet worden/ hat Keyserliche Majestät zugleich versprochen denen Ständen des Reichs auch noch höhere Privilegia de non appellando zu ertheilen/ welche Erhöhung auch die Meisten gar reichlich erhalten haben. Wie dann so wohln dem Cammer-Gericht als Keyserlichen Reichs-Hof-Rath diese und dergleichen denen Reichs-Ständen zustehende Privilegia sorgsamlich in acht zu nehmen anbefohlen wird/ so wohln in R. A. de anno. 1654. §. Drittens sollen. III. Als
„ in der R. H. O. tit. 2. §. Wir befehlen auch ibi. Wir befeh-
„ len auch hiermit unserm Reichs-Hof-Raths Præsiden-
„ ten und Räthen ernstlich/ und wollen/ daß sie in Erken-
„ nung/ 2c. Privilegia de non appellando und der Summa
„ unter welcher man nicht appelliren und die Sach an
„ höhere Gericht bringen kan/ aller Gebühr nach sorg-
„ samlich in acht nehmen und den Reichs-Stän-
„ den unberührt verbleiben
„ lassen.

Der Andere Discurs.

Von denen Keyserlichen Processen/ welche auf bittliches Suchen und Anhalten der Partheyen/ sowohln vom Keyserlichen Hofe/ als dem Cammer-Gericht aus/zu ergeben pflegen.

CONTINUATIO.

Es ist in unserm ersten Discurs (nachdeme etliche præliminaria præmittirt worden) von der Jurisdiction und Botmäßigkeit dieser beyden höchsten Gerichte des Heil. Rom. Reichs/und wie solche/ so wohln was die Partheyen/ als Rechts-Sachen/deßgleichen concurrentiam Jurisdictionis und gegen einander habenden prævention, auch andere zu dieser Materie gehörige Sachen anlanget/ fundirt sey/ geredet und gehandelt worden. Nun erforderte die Ordnung/ daß wir Unsern Discurs ad modum procedendi, wie nehmlich in gemelten beyden Gerichten mit dem Proceß verfahren werde/ richten solten; Allein/weiln ein Rechtlicher Proceß nicht angestellet werden mag/ wo nicht dasjenige/ was solchen bereitet und den Weg bahnet/ vorher gangen/ so will nöthig seyn/daß wir dasselbe zu vorher betrachten/und das andere biß auf folgenden Discurs verspart seyn lassen. Die Vorbereitung eines Rechtlichen Processes aber bestehet darinn/ daß (1) die Partheyen umb Erkennung der Processe bittlich anhalten. (2) Daß die gebethene Processe erkennt und außgefertiget/und dann (3) gehöriges Orths intinuirt, auch in dem anberanmbten Termin reproducirt werden. Worvon wir etwas weniges melden wollen.

Das I. Cap.

Wie die Processe beydes am Keyserlichen Cammer-Gericht/als dem Reichs-Hof-Rath gebeten/auch sofort erkennet werden.

§. I. Das

§. I.

Das Wort: Proceß wird insgemein auf vielerley Arth und Weise gebraucht. Als in L. 41. ff. de Donat. inter Vir. & Uxor. wird es genommen pro Pompâ. Woselbst die Worte: donare ad Processus Viri nichts anders bedeuten: Als da eine Frau Ihrem Ehe-Manne solcher Gestalt etwas schencket/ daß es derselbe in pompi, das ist: in offentlichen Processionen oder Gepräng der Bürger-Meister und Raths oder anderer Magistraten möge gebrauchen/ darvon in Nov. 105. c. 1. L. 2. C. de Consul. wie die Meisten diesen Legem also erklären und außlegen. Andere aber legen dergleichen des Weibes Donationes ad Processus viri, auß von denen Unkosten ad promovendum Maritum per gradus L. 45. pr. ff. de negot. gest. Also wird daß Wort Proceß/ bißweilen insgemein genommen pro progressu in literis. Allein/ wenn es in dem Verstande/ wie es in Gerichten bräuchlich/ genommen wird/ so bedeutet es nichts anders: Als eine Rechtmäßige Ordnung eines Gerichts/ nach welcher der Richter und die streittigen Partheyen verfahren/ biß die angebrachte Klag Sach ihr vorgesetztes Ende erreiche/ oder aber/ wie solches D. Fibig. part. 1. de Process. Judic. cap. 1. setzet/ bedeutet es: ordinem & formam judiciorum competentem, sive modum ordine tractandorum Judiciorum legitimum. Allein in solcher Bedeutung gebrauchen wir Uns allhier dieses Worts nicht/ sondern es werden abusivè unter diesem Nahmen/ welcher durch täglichen Gebrauch und Observanz in foro Camerali eingeführet worden/ alle die jenige Keyserlichen Briefe/ so entweder zu Anfahung/ oder Beförderung/ oder zu Vollführ- und Endigung der Processe emaniren, verstanden und angedeutet. Besihe die C.G.O. part. 1. tit. 38. §. 1. verb. Keyserliche Briefe oder Proceß/ und part. 3. tit. 12. §. Und erstlich ibi. Und erstlich/ was die Ladung/ Mandata und andere Proceß antrifft. R.A. de Anno. 1654. §. Darmit aber auch 165. verb. der Cammer-Gerichtlichen Processen.

§. II. Es müssen aber alle dergleichen Processe durch Supplicationes und Bittschrifften erlanget werden. C.G.O. part. 1. tit. 22. Welche am Cammer-Gericht entweder Schrifftlich so wohln Judicialiter

dicialiter als extrajudicialiter eingegeben/ oder aber auch Mündlich vorgetragen werden/ welches dann in denen öffentlichen Audienzen durch Mündliche Recesse geschicht/ gleich wie umb Citation zu reassumirung eines Processes/ oder umb Commission, oder umb Processus arctiores und dergleichen gebeten und angehalten wird.

§. III. Die Extrajudicial-Bittschrifften seynd am allergebräuchlichsten/ dann die Procuratores nicht leichtlich die *Judiciales* für die Hand nehmen/ es wäre dann/ daß sie durch ein Decret dahin gewiesen würden/ welches zugeschehen pflegt/ so offt in einer solchen Sach supplicirt wird/ die mit einer andern/ so in dem Gericht allbereit anhängig gemacht worden/ verknüpfft ist/ und der Referent verspüret/ daß sonder contradiction deß Gegentheils und kurtz vorher ergangener Erkäntnüs der Sach/ die gesuchten Processe nicht mögen erkennet werden.

§. IV. Wie und auf was Weise aber dergleichen extrajudicial-Supplicen pro extrahendis Processibus dem Keyserlichen Cammer-Richter durch die Procuratores oder deren Schreiber übergeben werden/ ist nöthig dießfals etwas weniges zuberühren. Nehmlichen: Es pflegen selbige nebenst denen Beylagen (durch welche deß Supplicantens anziehen in continenti kan dargethan und bescheiniget werden. Inhalts des Reichs-Abschieds de Anno. 1654. §. alle Supplicanten 79. Deßgleichen/ so allbereit vorhero in eben derselben Sach supplicirt worden/ welchenfals denn auch die vorigen Supplicationes und darauf erfolgte Decreta mit bey zu legen) Morgens frühe in die Cantzley/ ehe die Herren Assessores in Rath kommen/ eingegeben zu werden/ woselbsten von den Notarien solche registrirt und nachmahls dem Supplications-Rath übergeben werden. Es muß aber die Eingebung aller und ieder dergleichen Supplicen zwiefach oder doppelt beschehen/ darvon ein Exemplar ad Acta geleget/ und bey dem Gericht in Verwahrung genommen/ das andere aber mit dem darauf geschriebenem Decret deß Supplicantens Procuratorn, oder dessen Schreiber/ nach geendigten Rath/ durch die Notarien wieder zugestellet wird.

§. V. Es werden aber die gebethene Processe erkeñt/ oder aber verweigert/ bald schlechter dings/ wann auf die Supplic das Wort: Er=

Erkennt/ oder: Abgeschlagen/ geschrieben wird. Bald werden etliche gebethene Processe erkennt/ etliche aber abgeschlagen/ und wird auf die Supplication geschrieben: **Ist** Citation &c. er=kennt/ das übrige Begehren abgeschlagen. Bißweilen auch/ so sich in dem Schluß und petito Mangel ereignet/ wird erkennt: Wie gebethen abgeschlagen. Oder aber befindet sich in den narratis ein Mangel/ und ist von Supplicaten ein und ander reqvisitum der jenigen Constitution, woraus er supplicirt, aussen ge=
„ lassen worden/wird mit diesen formalien erkennet: Auf vorge=
„ brachte narrata abgeschlagen/ oder: Wofern Supplicant
„ förmlicher suppliciren wird/ soll darauf ergehen/ was
recht ist.

§. VI. Wie/uñ auf was Weise aber die Supplicen zu Erlangung der Processe/recht gestellet und eingerichtet werden sollen/ wird auß dem 9. §. erhellen/woselbsten wir eine Formul einer Supplic anführen/und zugleich alles mit inseriren und einverleiben werden/ was zu einer förmlichen und vollkommenen Supplication erfordert wird. Allhier wollen Wir nur zum Antritt dessen den Unterscheid bemercken/daß nehmlichen des Cammer=Gerichts Supplicen **an den Keyserlichen Cammer-Richter** eingerichtet werden müssen/ welche sich auf diese Arth anfangen: **Durchlauchtigster Fürst/ dero Röm. Keyserl. Majest. Cammer=Richter gnädigster Herr.** Auf der Rubric aber wird dessen Nahm oder Titul nicht hinzu gesetzt/sondern nur schlecht darauf geschrieben: **Unterthänigste** Supplication pro Citatione &c. Mandato &c. **Anwaldens** N. Hergegen/ was die Supplicationes und Bitt=Schrifften/ so dem **Reichs=Hof=Rath** übergeben werden/ anlanget/ werden selbige nicht an den **R**eichs=**H**of=**R**aths Præsidenten, sondern **an die Keyserl. Majest.** selbsten gerichtet/ mit diesem oder dergleichen Anfang: **Aller Durchlauchtigster/ Großmächtigster und Unüberwindlichster Römischer Keyser/ auch zu Hungarn und Boheimb König/ ꝛc. Allergnädigster Herꝛ/ ꝛc.** Da dann
auf

auf die Rubric ebenfals Keyserlichen Majestät Titul geschrieben wird.

§. VII. Es wird aber am Keyserlichen Reichs-Hof-Rath bittlich angehalten entwider umb Ertheilung Keyserlicher Indulten, Gnaden/ Privilegien, und dergleichen/ oder aber umb Processe. Was die erste Arth der Supplicen und Bittschrifften anlanget/ (wiewohln es auch bey der letztern von einfältigen und des Gerichts-Brauchs unerfahrnen Personen zu geschehen pfleget (werden selbigen entweder dem Keyser selbst/ (wann Er auß der Hof-Capel durch die Ritter-Stube gehet/ oder auch anderswo) mit tief-gebeugten Knien eigenhändig überreicht/ oder aber dem Reichs-Vice-Cantzler übergeben/ in dem es gleich viel/ dann der Keyser alle ihm überreichte Supplicen diesem zu überschicken pfleget/ darmit er solche durchsehen möge/ ob sie in den geheimten- oder aber Reichs-Hof-Rath gehörig. Die jenigen nun/ welche für diesen letztern gehören/ werden von ihme dem Reichs-Vice-Cantzlern/ mit diesem Wort bezeichnet: Reichs-Hof-Rath/ auch zugleich der Tag/ wenn solche præsentirt (dergleichen Signaturen dann uns zum öfftern unter Handen kommen)
„ mit hinzu gesetzet. R. H. O. Tit. 3. in pr. ibi. Welche
„ (Reichs-Vice-Cantzler) die jenige Schreiben und Sa-
„ chen/ so im Reichs-Hof-Rath zu berathschlagen/ ha-
„ ren und in einem verpetschierten Fasciculo Un-
„ Præsidenten iederzeit zuschicken soll.

§. IIX. Was aber die Supplicationes üm Außwürckung der cesse anlanget/ pflegen selbige dem Herrn Reichs-Hof-Raths denten selbsten (wenn Er in den Rath gehet/ oder auch anders durch die Procuratores und Reichs Agenten überreichet/ oder durch den Reichs-Hof-Raths-Thürhüter in den Rath eingeben zu werden. R. H. O. Tit. 3. in pr. Welcher solche hernach unter die Herren Reichs-Hof-Räthe ad referendum außtheile. nun selbige von ihnen vorgetragen/ wird in pleno consessu über plicantens Anbringen und Verlangen deliberirt, und wofern Præ (Ladungen/Befehliche/ Rescripta) Privilegien, Indulten, und dergleichen Keyserliche Briefe erkennet/ wird das Decretum auf die

Supplic

Supplic auf diese und dergleichen Art geschrieben: Fiat Voluntas Supplicantis, oder: Expediatur. Wie und auf was Weise aber die ergangene Decreta denen Procuratoren und Partheyen durch den Secretarium notificirt werden/ Davon besihe den dritten Discurs Cap. Von Eröffnung der Urtheil in fin.

§. IX. Ehe wir die unterschiedene Arthen der Keyserlichen Processe an und für sich selbsten zu betrachten für Uns nehmen/ wollen wir (Unsern obigen in den fünften §. beschehenen Versprechen nach) Copey einer Supplic, worinn umb Proceß angehalten wird/ und die so wohln bey dem Cammer-Gericht/ als Keyserlichen Reichs-Hof-Rath bräuchlich/ allhier mit anführen. In Sachen simplicis qverelæ oder in der Supplic selbsten bringt Kläger an und für: Daß er narrata statt deß Klag-Libels, und adjuncta, statt der Beweisung/ im ersten Termin widerholen wolle/ oder aber hänget ein Summarisch Klag-Libell, als ein adjunctum, bey der Supplic absonderlich mit an. Die erste Art ist gebräuchlicher als die andere/ doch werden sie beyde zugelassen. Was die erste anlanget/ bestehet die Bittschrifft in folgenden Wesentlichen Stücken: **Aller Durchlauchtigster/ Großmächtigster und Unüberwindlichster Keyser/ ꝛc.** (Wann nehmlich bey dem Keyserlichen Reichs-Hof-Rath supplicirt wird) oder: **Durchlauchtigster Fürst/ Dero Röm. Keyserlichen Majestät Cammer-Richter/** (wann bey dem Cammer-Gericht wird supplicirt, thue hinzu oben den 5. §.) **Ew. Keyserlichen Majestät** oder **Ew. Fürstl. Durl. bringet Anwald/ ꝛc.** (Allhier müssen die Nahmen und Titul der Klägere einverleibt werden) **wider die N. N.** (Beklagte/ wofern auch Consorten oder deren Curatores vorhanden/ müssen selbige gleichfals nebenst den jenigen/ welche unter ihrer Pflegschafft seyn/ mit benennet werden) **in Unterthänigkeit** supplicirend **vor und an/ was gestalt/ ꝛc.** (Allhier folget das factum, worbey dann die nothwendigen Umstände/ auf das kürtzeste als imer geschehen kan/ wie ingleichen/ so es Supplicanten gefällig die Documenta probatoria mit angeführet werden.) **Wann aber/ Aller-Gnädigster Keyser**

F und

und Herr (bey dem Cammer-Gericht: **Gnädigster Fürst und Herr**) **Anwalds** Principaln &c. (allhier beschicht von Supplicanten die assumtion, und müssen die Ursachen / warum Proceß zu erkennen / wie ingleichem die Jura so sich auf das factum schicken / desgleichen genus actionis mit angeführt / endlichen auch fundatio Jurisdictionis, so wohln was die Principalen als Consorten anbetrifft, mit angehangen werden) endlich wird annectirt: **Gestaltsam Anwald** in primo reproductionis termino **obige** narrata locô libelli, animo litem affirmativè contestandi, **dann die Beylagen** locô probationis cum reservatione ulterioris, qvatenus opus, **zu wiederhohlen** (allwo auch nach **Gutdüncken die Bitte** an sich selbst mit inserirt werden kan:) **Dann zu** petiren **gemeint ist / daß die Beklagte** (nach Unterscheid der Klag in die und Poen/ꝛc.) **zu** condemniren **seyn dieselben auch also wircklich zu** condemniren, **dann** Legalem Terminum utriqve parti communem **zu** præfigiren (folget so dann der Schluß) **Als gelanget an eure Keyserliche Majestät (An Ew. Fürstl. Durchl.) Anwalds unterthänigste Bitte / Die allergnädigst (gnädigst) geruhen / wieder Eingangs gemelte Herrn Beklagte** Citationem ad videndum, **um Exempel:** exigi debitum, vindicari hereditatem &c. **Darinnen dieselbe an Ew. Keyserl. Majest. Hof** (bey der **Cammer: an dieses höchste Gericht) in gewöhnlicher Zeit zu erscheinen gewiesen werden / umb zu sehen / daß sie zu Erstattung des Capitals /** Pensionen, **Kosten und Schaden** condemnirt **werden. Hierüber / ꝛc.**

§. X. **Und auf solche Art wird** in causis simplicis qverelæ **und** Citation **angehalten. Was aber die jenigen / worinnen umb** Mandata **mit oder ohne** clausulâ justificatoriâ **angehalten wird / betrifft / verhält sichs mit ihnen auf diese und dergleichen Art; Im Eingange werden die Nahmen und Titul der streitigen Partheyen vorher gesetzt /**

setzt/wie oben angeführt worden/worauf immediatè das factum cum assumtione muß annectirt werden: **Wann aber dieses geklagte** factum **allen so Geistlichen als Weltlichen Rechten/ des H. Reichs** Constitutionibus, **und der selbständigen Billigkeit entgegen mit den geringsten Schein Rechtens nicht zu bemänteln ist/** (wobey dann nach Unterscheid deß geklagten facti die Umstände aggravirt werden) **in welchen Fällen/ vermöge der Cammer-Gerichts-Ordnung/ 2. Theil.** tit. 23 (welcher locus gemelter Ordnung allzeit angeführt werden muß/ es wäre denn Sach/daß einer wegen einer Special-Constitution supplicirte, welchenfals Jurisdictio daraus insonderheit muß fundirt werden) à præcepto & executivè **wohl angefangen werden kan/gestaltsam ob** notoriam immedietatem **deß Beklagten/c.** (Allhier muß Fundatio Jurisdictionis mit einverleibt/ und endlich der Schluß angehangen werden) **Als gelanget/c. wieder Eingangs benante Beklagte samt und sonders ein** Mandatum (de relax. capt. solv. rest. &c.) **darinnen denenselben/daß sie sobald nach Verkündigung dieses ohne einigen Verzug/Ein- oder Wieder-Rede/vielweniger** (so etwann die Mit-Beklagte **Beampte** oder Officiales seynd) **angemaßter Vertretungen** (hier muß alles/was so wohln von Beklagten zuthun oder zu lassen / cum omni causâ, Interesse und Schaden mit hinzu gethan werden) **alles Ernsts und bey einer nahmhafften Poen abefohlen werde/** annexâ citatione solitâ **allergnädigst/ (gnädigst) förderlichst zu erkennen.** Eine Formul/ wie man in Appellation-Sachen suppliciren soll/ ist bey Roding. libr. 3. Band Ct. Cameral. Tit. 20. §. 45. zu befinden.

Das II. Cap.

Von unterschiedenen Arthen der Keyserlichen Processe.

§. I.

§. I.

Alle und iede Processe/ und die so wohln am Keyserlichen Reichs-Hof-Rath als dem Cammer-Gericht zu Anfahung/Beforderung oder Vollführung einer Rechts-Sach erkennet werden/ pflegen entweder an die streitigen Partheyen/ oder aber an den Tertium, der mit dem jenigen/ so dergleichen Processe erlangt/ keine Rechts-Sache hat/zu ergehen. Die Partheyen anlangende/ werden an dieselbe entweder Citationes oder aber Mandata abgelassen. An den Tertium aber Inhibitionales (welche doch zugleich auch an die Partheyen gerichtet werden) Promotoriales, Compulsoriales, Subsidiales, Commissiones, Schreiben umb Bericht/ Arresta, Sequestrationes und dergleichen. Von welchen allen und ieden Wir etwas wenigs melden wollen. Von den Processen/ welche in puncto executionis erkennt werden/ soll unten in Cap. von Volstreckung der Urtheil/ gehandelt werden. So viel aber die Privilegia, Indulten, deßgleichen die Bestätigungen der Privilegien, Contracten, und andern dergleichen/ so zu der Sachen Proceß nicht gehörig/anlanget/werden solche impropriè und abusivè Processe genennet/ und seynd mit bessern Recht Diplomata zu heissen.

§. II. Was Ladung für Gericht seyn/ist bekandt. Selbige seynd nun nach unterschiedener Art und Beschaffenheit der Sachen auch mancherley. Bald wird einer citirt und für Gericht gefordert ad videndum exigi debitum; bald ad videndum, justificari titulum possessionis; bald ad videndum se immitti in hereditatem; bald nach Beschaffenheit der Sachen und Gelegenheit deß facti wieder auf andere Art und Weise. Von den Ladungen ad reassumendum wollen wir unten in den Cap. von den Gewalt der ProCuratoren reden und handlen.

§. III. Wenn das factum also beschaffen/ daß à præcepto und gleichsam von der Execution der Proceß angefangen werden kan/werden in offt angezogenen beyden höchsten Reichs-Gerichten/ dem Hof- und Cammer-Gericht/ Befehliche erkennt/ worinnen im Nahmen Röm. Keyserl. Majestät mit Androhung einer gewissen Nahmhafftig gemachten Straf/ einem entweder etwas inhibirt und verboten/ oder aber anbefohlen/ gebothen und auferleget wird. Und dergleichen

chen Befehliche führen nach Beschaffenheit der Sachen und des facti unterschiedene Titul mit sich/als *de restituendo, de non offendendo, de relaxando* Captivum, ja sie haben dergleichen Titul so viel/als sich nur facta ereignen und begeben können: Ihr allgemeiner Unterscheid bestehet darinnen/daß sie entweder mit oder aber ohne clausulâ Justificatoriâ zu ergehen pflegen. Und setzet Mindanus c. 5. de Mandat. n. 3. hinzu/daß etliche auch mixta wehren/welche nehmlich theils mit/theils aber ohne dergleichen Clausul an die Partheyen ergiengen. Allein/ wir halten darfür/daß gedachter Mindanus dießfals eine irrige Meinung habe. Denn wann ich in einem Proceß ein Mandat über einer streittigen *possess* cum clausulâ erlange/und zugleich auch eines *de non offendendo sine clausulâ*) welches Exempel dann Mindanus selbst setzet/so ist es keines weges ein Mandatum mixtum, sondern es seind dißfals zwey Mandata in einem Proceß ergangen/denn allemahl in dergleichen Processen/ in welchen so wohln cum, als sine clausulâ Befehl ergehet/ in numero plurali gesetzet wird: Diesen unsern Keyserlichen Mandaten, und wird eines nach den andern absonderlich proponirt Es wird aber ein Mandatum cum clausulâ dieses gennennet/ wordurch/ ungeachtet darinnen mit Benennung einer gewissen Straf einem etwas zu thun wird auferleget/ dennoch dem jenigen Part/wieder welchen dergleichen Befehl ergehet/ zugelassen ist/wofern er sich dardurch beschweret befindet/ Gründe und Ursachen/ warumb er denselben zu pariren nicht schuldig sey/ in dem darzu anberaumpten Termin Gerichtlichen zu proponiren. Wo nun das factum dergestalt beschaffen/daß es in Rechten auf keinerley Weg und Weise justificirt werden kan/oder aber einen unersetzlichen Schaden mit sich bringet/oder wider den gemeinen Nutzen läufft/oder auch keinen Verzug leiden kan (dann dieses seynd die vier general Fälle/so in der Cammer-Gerichts-Ordnung part. 3. tit. 23. exprimirt und Nahmhafftig gemacht worden. Thue hinzu den R. A. de anno 1654. §. Alle Supplicanten 79. So pflegt man umb Mandata sine clausulâ anzuhalten welchen nehmlich keines Weges dergleichen Citation: daß der Beklagte/so er sich gravirt befände/ Ursachen/ warumb er dem Befehlich folge zu leisten nicht schuldig sey/darthun und erweisen solle/ annectirt wird/sondern es wird Beklagten præcisè

auf-

auferleget/ daß er dem Befehl unweigerlich parition leiste/ mit angehengter Citation, in dem anberaumten Termin zu erscheinen/ und daß er sofort parirt erweisen/ oder aber/ da solches nicht geschehen/ er sehen solle/ wie er in die dem Mandato einverleibte Straf erkläret werde/ oder aber erhebliche Ursachen fürbringen möge/ warumb solche Erklärung nicht geschehen solle.

§. IV. Es möchte dahero bey iemand sich Zweifel ereignen/ wie und auf was Weise diese mandata sine clausulâ genennet werden könten/ alldieweiln bey selbigen auch die clausul: **oder aber beständige erhebliche Ursachen/ ob ihr einige hättet/ warumb solche Erklärung nicht geschehen solle/ fürzubringen/** mit hinzu gesetzet wird? Dahero auch Gail. libr. 1. Observ. 113 n. 1. meldet/ daß dergleichen Mandata in effectu clausulam Justificatoriam annexam hätten. Allein auf diesen Einwurff geben wir zur Antwort: Daß zwischen diesen clausulen ein grosser Unterscheid sey. Dem in den Mandaten (cum clausulâ) gehet die clausul dahin/ daß wieder den Befehl an sich selbsten Ursachen anzuführen/ warum nehmlich demselben keine parition geschehen solle. In diesen aber (sine cl.) wird zwar die clausul mit hinzu gesetzt/ aber nicht wieder das Mandat an und vor sich selbsten/ sondern nur wieder Declarationem poenæ zu excipiren, und die Ursachen warumb solche Erklärung nicht geschehen solle/ darzuthun und zu erweisen/ und daß vielleicht Beklagter nicht parition leisten können/ wiewohln auch nicht allemahl den Mandatis sine clausulâ dergleichen clausul mit einverleibt/ sondern selbige offters aussen gelassen wird.

§. V. Insgemein und zum öfftern wird von den Advocaten und Procuratorn umb Mandata sine clausulâ angehalten/ woferne wie nach Gelegenheit des facti und der Umbstände/ solches füglichen geschehen kan. Und gewißlich ist es der Mühe noch wohl werth/ daß die Procuratores und Agenten sich höchstes Fleisses dahin bearbeiten und unter was Fürwand sie nur immer können/ die in ihrem Klag-Libell angeführte Speciem facti auf obangezogene vier Fälle accommodiren und einrichten/ dann solcher Gestalt werden sie den Umschweiff der Außträge entgehen und den Lauff und Proceß der Sachen dardurch beschleunigen können.

§. IV.

§. VI. Wo das factum, inqvalitate Mandati, die Jurisdiction am Keyserlichen Reichs-Hof-Rath nicht gnungsamb fundirt, wird offt ein Keyserliches Rescript erkennet/ ob gleich umb solches ausdrücklich nicht gebeten worden/oder/so dieses zum wenigsten implicitè in den Worten: omni meliori modo, begriffen ist. Solchen Falls aber wird nur ein **schlechtes** Rescript, sonder Androhung einiger Straff/ erkennet/ keines weges aber ein Poenal-Mandat, welches fast eben so viel als ein Mandat (verstehe cum clausulâ.) Denn derselbe/ welcher die geleistete Parition nicht docirt und erweiset/ nicht alsbald in die dem Rescripto einverleibte Straffe declariret wird/ sondern es können ebenfalls/wie in Processu Mandati cum clausulâ, Ursachen fürbracht werden/ warumb dem Rescript keine parition geschehen solle. Andere Rescripta seind/welche beym Cammer-Gerichte in caussis simplicis qvereles ausgewirckt zu werden pflegen: als Rescriptum Citationis, Rescriptum Mandati. Wenn man nehmlich die Ausfertigung dergleichen erkennter und erhaltener Käyserlichen Processe innerhalb Jahrs-Frist sich nicht lässet angelegen seyn/ und die Taxam bezahlt/ oder/ wenn solche gleich extradirt und insinuirt, bey dem ersten Termin aber nicht reproducirt werden/ (nehmlich/ wenn Kläger nicht erscheinet) und also der angesetzte Termin zu nicht gemachet wird/ oder auf andere Art und weise die Ladung oder Befehlich seine Krafft und Wirckung nicht erreichen kan. Alsdann muß umb anderweitige Citation und Befehl/ oder/ wie man in foro Camerali zu reden pfleget/ umb ein Rescriptum prioris angehalten werden. Anders verhält sichs in Appellation-Sachen/ alliwo/ wenn die fatalia verabsäumet/ der Sachen anderer Gestalt nicht/ als per restitutionem in integrum, gerathen werden kan/und findet Rescriptum Processuum Appellationis nicht statt; wie wir dieses aus den gelehrten Discursen der Herren Cammer-Advocaten, absonderlich aber Herrn Dr. Johann Ulrichs Stiebers ꝛc. Unsers hochgeehrten Freundes ꝛc. zum öfftern angehöret haben.

§. VII. Wann entweder an den Käyserlichen Reichs-Hof-Rath/ oder aber an das Cammer-Gerichte/ appellirt wird/ werden zugleich nebenst der Ladung an die Partheyen zwey Arten der Processe fürnehmlich an den Unter-Richter erkennet/ als Inhibitionales
und

und Compulforiales. Durch die erstere wird dem Unter-Richter inhibirt, daß Er in der Sache ferner nicht verfahre/ oder derselben zum Nachtheil lite pendente ichtwas vornehme. Und dergleichen Inhibition ergehet auch an Appellaten. Durch die letztere aber wird der Unter-Richter angehalten/ daß er die ergangene Acta, sampt denen rationibus decidendi, einschicken solle / (oder ein anderer ad edenda Instrumenta, rationes und dergleichen.) Es muß aber Appellant, oder der jenige/ welcher umb compulforiales supplicirt, durch ein Document beybringen/ daß Er innerhalb 30. Tagen/ von Zeit eingewandter Appellation an/ bey dem Unter-Richter umb Ausantwortung der Acten, der Gebühr nach/fleißige Anregung gethan/und solch Document, woraus die Requisition, bescheiniget wird/ seiner Supplic, worinnen Er umb Appellations-Processe anhält/ mit beyfügen.

§. IIX. Wo der Unter-Richter die Justitz protrahirt, oder verwegert/ werden bey dem Cammer-Gericht oder Reichs-Hof-Rath Promotoriales erkennet/ worinnen ihm anbefohlen wird/ daß er Supplicanten binnen gewisser Zeit Recht und Gerechtigkeit wiederfahren lasse. Geschicht darauf keine parition, wird die Sache für das höchste Gericht gezogen. Und eben zu solchem Ende werden zum öfftern auch Pœnal-Mandata de administrandâ Justitiâ ausgewircket/und wo auf selbige keine parition erfolget/ so klagt man auf die dem Mandato einverleibte Straffe.

§. IX. Commissiones werden erkennet entweder in communi, oder aber in optimâ formâ. In communi, wordurch nehmlich dem Commissario die Annehmung der Zeugen und derselben Verhör desgleichen inspectio ocularis committirt wird. In optimâ formâ, wordurch dem verordneten Commissario eine völligere Macht und gegeben/nehmlichen/die Zeugen nicht allein auf-und anzunehmen und zu verhören/ sondern auch Instrumenta zu transsumiren, deßgleichen die Parethyen/ daß sie dergleichen ausantworten/ und anders mehr thun sollen/anzuhalten. Uber diß werden etliche Commissiones genennet ordinariæ, welche Juris & Processus ordine observato gebeten und erkennet werden/ etliche aber extraordinariæ, die insgemein ad perpetuam rei memoriam genennet / und ausserhalb der

Ord-

Ordnung (es mag die Sach im Gericht anhängig seyn oder nicht) gebethen und ertheilet werden/ wann nehmlich Kläger in Sorgen stehet/ daß durch hohes Alter uñ Leibes-Schwachheit/ auch Abwesenheit der Zeugen/ er üm seinen Beweiß kommen möchte. Uber diese ergehen auch am Käyserlichen Reichs-Hof-Rath Commissiones, zu Verhörung der Sachen/ wordurch denen Commissariis Macht und Gewalt gegeben wird in der Sachen biß zum Urthel/ entweders inclusivè oder exclusivè (Inhalts ihrer Commission) zu verfahren/ und diese Commissarii übersenden so dann die dißfalls ergangene Acta, nebenst dem Urthel/ oder wenigstens ihrem Gutachten an den Käyser/ welcher nachmahls den Reichs-Hof-Rath darüber erkennen lässet/ der doch gar selten davon abweichet/ R. H. O. tit. 2. §. Und weil auch ferner, ibi: Commissiones zu Verhörung der Sachen allein ausgehen lassen/ so förderlichst zu unserm Käyserlichen Außspruch an Unsern Käyserlichen Hof remittirt und übersendet werden. Und dergleichen Commissiones, wie wir allbereit oben angeführet haben/ werden am Käyserlichen Cammer-Gerichte nicht erkennet. Ebenermaßen werden am Käyserlichen Reichs-Hof-Rath Commissiones ad exequendum erkennet/ wordurch nehmlich die Vollstreckung der gesprochenen Urtheil denen Creyß-außschreibenden Fürsten wird committirt und anbefohlen.

§. X. Wann die jenige Zeugen/ so da abgehört werden sollen/ der Jurisdiction und Botmäßigkeit dieser beyden höchsten Reichs-Gerichte nicht unterworffen/ verstehe/ wenn sie mittelbar seynd/ werden subsidiales, oder Compaß-Briefe erkennet/ worinnen nehmlich an die jenige Obrigkeit/ dessen Jurisdiction die Zeugen unterworffen/ geschrieben wird/ daß sie entweder die Zeugen selbsten verhöre/ oder abhören lasse/ oder aber ihnen auferlege/ daß sie für dem Käyserlichen oder des Cammer-Gerichts Commissario erscheinen und daselbst ihre Aussage thun sollen.

§. XI. Wann bey denen beyden höchsten Reichs-Gerichten pro relaxatione juramenti ad effectum agendi supplicirt wird/ werden zufördest/ ehe und bevor Citation ad videndum relaxari Juramentum erken-

erkennet wird/ an des Supplicanten Obrigkeit Schreiben decretirt, daß sie binnen eines gewissen Termini von der wahren Beschaffenheit des facti und allen Umbständen Bericht einschicken solle/ mit der Verwarnung/ wo solches nicht geschicht/ daß die gebethene relaxation des Eydes solle erkennet werden. Und diese werden Processus informatorii, oder Schreiben umb Bericht/ genennet/ alldieweiln sie pro informatione Judicis zu ergehen pflegen. Dergleichen Schreiben werden auch erkennet/ so offt die Unterthanen wieder ihre Herren oder Obrigkeit umb Mandata sine clausula supplicieren, und in etlichen andern Fällen mehr.

§. XII. Arrest-Processe werden die genennet/ wordurch die Verarrestirung der Personen oder Sachen der jenigen Obrigkeit/ in dessen Territorio selbige zu befinden / committirt wird; Dergleichen Processe dann zum öfftern am Käyserlichen Reichs-Hof-Rath oder auch dem Cammer-Gericht auf Anhalten der Gläubiger wieder ihre ausgetretene Schuldner/ daß sie auf Recht können allenthalben angehalten werden/ (besiehe Gail.lib.2.obs.44.n.3.) erkennet werden.

§. XIII. Endlich seind auch noch Seqvestrations-Processe, do einem Tertio die Verwahrung einer Person oder Sach/ darumb man streitet/ biß zu Außtrag derselben anbefohlen wird. Also soll einmahl am Cammer-Gericht/ auf Seqvestration eines verlobten Mägdleins/ erkennet worden seyn/ wie Gail l b 1 observ. 112. n. 16. angemercket/ allwo Er den Inhalt/ des den 20. Decembr. 1535. in Sachen Georg Ganshorns/ contra Hansen Meyer/ ausgesprochenen Urthels anführet/ worinnen erkant worden/ daß gemelten Meyers Tochter/ Sabina genant/ lite pendente einer Erbaren Matron in Verwahrung zu geben.

Das III. Cap.

Wie und auf was Weise/ so wohln am Käyserlichen Reichs-Hof-Rath / als dem Cammer-Gericht/ die gebethene Processe expedirt **und ausgefertiget werden.**

§.I. Wenn

§. I.

WEnn am Käyserlichen Reichs-Hof-Rath Processe (oder andere Diplomata) erkennet worden/ werden selbige von den Secretarien, entweder in Lateinischer oder Teutschen Sprache abgefasset (denn zweyerley Expeditiones, die Teutsche und Lateinische seynd/ deren iedwede auch ihre gewisse und absonderliche Bediente hat/) und wann solche concipirt, dem Herrn Referenten ad revidendum übergeben/ R.H.O. Tit. 6. in pr. ibi: **Solche sollen Unsre Secre-** „ **tarii, in der jenigen Teutschen oder Lateinischen** Expe- „ **dition es gehöret/ mit höchstem Fleiß verständlich auf-** „ **setzen/ und alsdenn das** Concept **dem** Referenten, **oder** „ **dem jenigen Gelehrten/welchen Unser** Præsident **hierzu** „ deputiren **wird/ vorhero zu verlesen zustellen. Oder aber/** „ **wann es hochwichtige Sachen/in völligem Rath** wieder abgelesen/ d. tit. 6. §. **Wann es aber.** ibi: **Wann es aber hochwichtige Sachen/ sollen die** ꝛc. **in Unserm Reichs-Hof-Rath** in pleno iederzeit abgelesen werden. (Dieses aber ist am Cammer-Gericht nicht bräuchlich/ sondern es wird des Proto-Notarii Legalität und Geschicklichkeit die Abfassung des Processes anvertrauet) Nachmahls in die Reichs-Hof-Cantzley zum Abschreiben gegeben/ und dieses entweder in formâ patente, oder aber eines libells, wenn nun solche mundirt, werden sie dem Cantzley-Registratori zu collationiren überbracht; Nachmahls wiederumb dem Secretario, von diesem zu dem Reichs-Vice Cantzler/ und von dannen an Käyserliche Majest. zur Vollziehung. Dann nichts von dem Käyser unterschrieben wird/wo es nicht vorhero vom Secretario, und nachmahls dem Reichs-Vice Cantzler unterschrieben sey. Wenn nun die Processe (oder andere Diplomata) von Käyserlicher Majestät vollzogen/ werden solche taxirt und besiegelt/ und zwar/ so es nur schlechte und geringe Schreiben (als Citationes, Befehliche/ Commissiones, Paß-Briefe/ Privilegia impressoria, und dergleichen) seynd/ mit dem kleinern Secret: Wo es aber Majestäts-Fürsten-Grafen-Herren-Adels-Briefe/ Palatinaten und dergleichen/ wird das **grössere Se-**

G ij   cret

eret und Jnsiegel/in Gegenwart des obristen Cammer-Herrns (welcher dieses Secrets stätiger Bewahrer ist) mit rothem Wachs aufgedruckt/ und an selbige eine grosse Capsul mit güldenen Faden gehänget; Und endlich/ wenn die Taxa bezahlt/ werden die Processe oder Käyserliche Briefe extradirt.

§. II. Am Cammer-Gericht werden die erkante Processe gleichfalls in der Cantzley ausgefertiget/ von dem Proto Notario, dem gewöhnlichen Stylo nach/ abgefasset/ durch die Ingrossisten oder Schreiber ins Reine gebracht/ und ob wohl selbige von Käyserlicher Majest. nicht werden unterschrieben/ gleichwohl unter dessen Nahmen/ Titul und Jnsiegel abgelassen/und von dem Cantzley-Verwalter ad Mandatum Electi Imperatoris proprium (wie der Stylus lautet) desgleichen von dem Proto-Notario, oder aber/ so der Cantzley-Verwalter abwesend/ von diesem allein unterschrieben. Wann aber das Römische Reich ohne Haupt/ werden die Processe unter der Herren Reichs-Vicarien Nahmen und Jnsiegel (welches vor Zeiten mit zweyen absonderlichen/ heutiges tags aber mit einem/so zwey Insignia præsentirt, beschehen) ausgefertiget/ und von itzt-ermelten Cantzley-Verwalter mit diesen Worten: ad Mandatum Serenissimorum Imperii Vicariorum, wie ingleichen dem Proto-Notario, subscribirt.

§. III. Mit wenigen ist noch zu melden/ daß in Außfertigung der Processe denenselben die narrata Supplicationum von Wort zu Wort müssen einverleibt werden/C.G.O. 3.Theil/ tit.12. § Und sollen in solchen Ladungs-Briefen.:. darmit der jenige/ wieder welchen sie ergehen/ in dem anberaumbten Termin gefast erscheinen möge. Und ob wohl in dem Reichs-Abschiede von Anno 1654. §. Diesem nechst 34. verordnet/ daß die Supplicen zugleich mit den Processen insinuirt werden sollen/ so wird doch dieses/als ein Superfluum in praxi nicht in acht genommen / sondern es werden die species und narrata facti aus der Partheyen Supplicationen herausgezogen/und denen Processen/wie allbereit erwehnet worden/von Wort zu Wort inserirt. Und dieses ist auch am Käyserl. Reichs-Hof-Rath bräuchlich R.H.O. tit. 2. §. Dieweil auch, ibi: auch den Mandatis, Rescriptis, und andern Processen/ die

nar-

narrata Supplicationis gantz/ und weder weniger noch mehr einverleibt.

Das IV. Cap.
Wie und auf was Weise die von dem Reichs-Hof-Rath und Cammer-Gerichte ausergangene Käyserliche Processe insinuirt werden.

§. I.

Die Cammer-Processe müssen entweder durch einen geschwornen Cammer-Boten/ oder immatriculirten Notarium, insinuirt werden. Wo es nun nur eine Person/ welcher dergleichen Processe zu insinuiren, so stellet der Cammer-Bote deroselben das Original zu/ und behält die Abschrifft darvon bey sich. Im Fall es aber mehrern insinuirt werden muß/ giebt er iedwedem eine gleichlautente Copey/ weiset das Original auf/ lässet es ihnen lesen/ und schreibet den Tag/ wenn die Execution oder Insinuation beschehen/ überall drauf. Von dem Ampt der Cammer-Boten/ bey Insinuirung der Processe/ besiehe Roding. libr. 4. tit. 13. Ein immatriculirter Notarius aber verrichtet die Insinuation in Gegenwart zweyer Zeugen/ und richtet darüber ein ordentlich Instrument auf.

§. II. Im ersten Termin (welcher Terminus Reproductionis genennet wird) muß erweist und dargethan werden/ daß mit Insinuirung der Processe rechtmäßiger Weise verfahren worden/ in selbigem Termin auch von Impetranten entweder das Original der Processe/ oder aber die Abschrifft nebenst des Cammer-Botens überall draufgeschriebener Insinuation oder Execution reproducirt werden. Das Original/ wenn die Insinuation mehrern/ die Copey oder Abschrifft aber/ wenn solche nur einem beschehen. Allein/ wenn die Processe von einem immatriculirten Notario insinuirt worden/ ist nicht genug/ die Abschrifft oder das Original selbsten dißfalls zu reproduciren, sondern es sollen und müssen instrumentirte Processe (wenn man anders also reden mag) das ist: ein von dem Notario rechtmäßiger Weise aufgerichtetes Instrument/ und in welches die verkündigten Processe mit einverleibt worden/ producirt werden/ denn der blossen Unterschrifft des Notarii, so vielleicht derselben aus Einfalt oder Unwissenheit s:nheit/ nach gewöhnlichen Gebrauch der Cammer-Boten/ die Relation auf die insinuirte Processe schreiben würde/ am Keyserlichen Cammer-Gerichte kein Glaube zugestellet werden möchte.

§. III. Am Keyserlichen Reichs-Hof-Rath/ weiln daselbst dergleichen geschworne Boten/ wie bey dem Cammer-Gericht/ nicht zu befinden/ müssen alle und iede von dem Reichs-Hof-Rath ergangene Processe (als Citationes, Mandata und dergleichen) durch einen Notarium und Zeugen insinuirt werden/ welcher darüber ein Instrument aufrichtet/ doch wird eben nicht erfordert/ daß der Notarius immatriculirt, oder in die Cammer-Matricul recipirt und eingeschrieben sey/ dergleichen/ wie wir im Eingange dieses Capitels gemeldet/ bey dem Cammer-Gericht bräuchlich/ sondern es ist genug/ wenn durch einen Notarium simplicem (wie er in Gegenhaltung eines Immatriculirten genennet wird) nebenst etlichen Zeugen die Insinuation beschicht.

Der Dritte Discurs.

Von dem Proceß der Rechts-Sachen an und für sich selbsten/ und wie es darmit in gemelten zweyen höchsten Gerichten des Heil. Röm. Reichs gehalten werde/ wie auch von Eröffnung der Urtheil und deren Wiederfechtung.

CONTINUATIO.

Nach dem wir das jenige/ was den Proceß der Sachen den Weg bahnet/ betrachtet/ so erfordert die Ordnung/ daß wir voritzo unsern Discurs auff die Art und Weise des Processes selbsten/ und welcher bey Erkäntnuß und Erörterung der Sachen acht genommen werden muß/ richten. Es ist aber der modus procedendi zweyerley: Einer/ so bey den Audientzen/ der andere aber/ welcher bey der Sach selbsten gebräuchlich. Processus Audientiæ ist eine solche Ordnung/ nach welcher die Procuratores in den Audientzen zu procediren pflegen. Processus causæ ist wieder zweyerley/ einer/ welcher in simplici querelâ, der ander aber/ bey

der

der Appellation observirt wird. Von iedem soll in diesem Discurs auf das kürtzeste gehandelt und darbey etwas weniges angeführt werden/ wie die streitige Sach durch den Richter decidirt und erörtert werde/ als welcher selbige/ vermittelst eines Definitiv-Urthels/ zum Ende bringet. Worbey wir auch/ so wohln der Urtheile Eröffnung/ als auch deren Wiederfechtung/ zu erwegen haben werden.

Das I. Cap.
Von den öffentlichen Audientzen/ so bey dem Cammer-Gericht bräuchlich/ auch der Art und Weise/ wie in solchen die Rechts-Sachen geführet werden.

§. I.

Die Audientz ist eine öffentliche Handlung/ in welcher die von denen Procuratoren ihrer Partheyen wegen so mund- als schrifftlich fürgebrachte Klagen angehöret werden. Dergleichen Audientzen wurden bey dem Cammer-Gericht vor Zeiten alle Tage angestellet/ heutiges tags geschehen solche wenigstens dreymahl in der Wochen/ nemlich/ des Montags/ Mittwochs und Freytags/ Nachmittage/ welche dahero dies Juridici oder Gerichts-Tage genennet werden.

§. II. Die Audientz wird abgetheilet in eine so gerichtlich/ und wiederum in eine so nicht gerichtlich geschicht/ nach ausweisung der Rubric der C.G.O. 3. Theil/ tit. 11. ibi: **vor den** Deputaten **nach der Gerichtlichen Audientz/** und in gemeltem 11. tit. §. pen. ibi: **Nicht im Gericht/ sondern unter ihnen selbst oder vor den** Deputaten. oder in eine wo allerhand Solennitäten vorgeben/ und wiederumb in eine/ da dergleichen nicht zu geschehen pflegen. **Die Gerichtliche Audientz ist diese/ welche in Gegenwart des Cammer-Richters/ so mit einem in der Hand haltendem Zepter zu Gericht sitzet/ celebriret wird. Die jenige aber/ so nicht gerichtlich/** oder **mit Solennitäten geschicht/ ist die/ welche nach geendigter Gerichtlichen Audientz vor Zeiten in Gegenwart zweyer/ heutiges tags aber nur eines Beysitzers geschicht/ worbey der Cammer-** Proto Notarius, **doch ohne dergleichen Zepter/ und andere** Notarii **für dem Tisch stehen.**

Jus

Ins gemein wird diese genennet die Audientz für den Deputirten, oder einem Deputirten allein/ nemlich einem Beysitzer/ welcher von dem Cammer-Richter/ oder dessen Vicario, so nach geendigter Gerichtlichen Audientz hinweg gehet/ darzu deputirt wird/ daß er die Procuratores in etlichen gewissen Puncten anhöre. Es wird aber für dergleichen Deputirten angehalten (1) umb Erlängerung der Termine/ (2) umb Commissiones, desgleichen werden Beweiß-Articul eingegeben/ Commissarien benennet/ oder wieder selbige excipirt und replicirt, und fernerweit biß auf Producirung des Zeugen Rotuls inclusivè, daselbst verfahren. (3) Wird der punctus cautionis, welche bey vorgenommener Revision wieder die Cammer-Urtheil zu bestellen/ disceptirt und erörtert. (4) Beschicht die Intimation, wenn einer oder der andere von den Partheyen mit Tode abgangen. (5) Wird fürbracht/ daß gütliche Tractaten obhanden oder (6) daß die Sach verglichen/ angezeigt/ und endlich (7) wird umb Dilation, zu Einbringung des Beweises/ angehalten.

§. III. Bey der Gerichtlichen Audientz wird ein gewisser Proceß oder Ordnung observirt, nach welcher die Procuratores in selbiger procediren. Diese Ordnung gehet nun entweder die Procuratores/ oder ihre Klag-Sachen an. Die Ordnung der Procuratoren bestehet darinnen/ daß/ wenn sich selbige nach der Zeit/ wenn sie bey dem Cammer-Gericht recipirt werden/ umb das Gericht ordentlich herumb gesetzet/ so dann hernachmahls einer nach dem andern seine Klage an-und fürbringet. Die Ordnung der Klag-Sachen aber wird die genennet/ in welcher gewisse Sachen müssen proponirt und fürgetragen werden. Und diese hat zu unterschiedlichen Zeiten ihre unterschiedene Species gehabt. Wir gehen diejenigen vorbey/ welche vor alters bräuchlich gewesen/ und von welchen bey Rod. lib. 1. Pand. Cam. tit. 5. kan nachgeschlagen werden. Nach der neuen Constitution so durch ein allgemeines Decret den 13. Dec. des 1659. jahrs promulgirt worden/ (und welche auch noch heut zu tag in guter observanz befinden sich vier Arthen der Ordnungen/ als (1) Ordo Sententiarum (2) Reproductionis, (3) Novarum und (4) Terminorum.

In ordine Sententiarum wird gehandelt über die jenigen Urtheil/ welche in selbiger Audientz ergangen/ zum Exempel: Wann einem oder dem andern

dern Procuratori entweder litis contestatio, oder conclusio causæ, oder etwas anders zu verrichten durch das Urtel auferleget werden/ so muß er/ nachdem vorher alle Urtel publicirt, in selbiger Audientz/ oder in nechstfolgender/ litem contestiren, concludiren, oder das jenige verrichten/ was ihme/ vermöge deß Urthels/ zu thun obligit. C.G.O. p. 2. Tit. 6. pr. vid. Schvvan. 1. Proc. Cam. cap. 34. *In ordine reproductionũ* werden die auß der Cammer-Cantzley erhaltene und beklagten insinuirte Processe im ersten Termin/ welcher dahero der Reproductions-Termin genennet wird/ zugleich mit den Beylagen reproducirt R.A. 1654. §. So dann 36. & seq. Com. Decret. 1655. 30. Octobr. §. 2. *Ordo Novarum* ist Universal, und können in selbiger die Procuratores alle ihrer Principalen Angelegenheiten sowohln Schrifft- als Mündlich proponiren, es wäre dann/ daß sie dießfalls einen Termin hätten/ oder für denen Herren Deputirten etwas zu proponiren vorfiel/ vid. Schvvan. 1. Proc. Cam. cap. 35. per tot. & Com. Decret. de anno 1659. 13. Sept. §. 6. *In Ordine Terminorum* wird so offt *agirt*, so offt durch das ergangene Urtheil ein Termin von Ampts wegen angesetzet (oder zugelassen und angesetzet worden/) vid. Com. Decret. de anno. 1659. §. 1. lit. B. thue hinzu R.A. 1654. §. Wäre es dann 32. Von diesen und dergleichen Ordnungen/ wie eine und die andere Sach zu führen und fürzubringen sey/ ist dieses wenigstens noch zu erinnern/ daß das hoch preißliche Cammer-Collegium den Lauff derselben durch ihren heilsamen Rath in so weit beschleuniget/ daß da vor Zeiten viele Jahre vorbey gestrichen/ ehe diese Ordnungen aller Procuratoren zu End gelauffen/ solches heutiges Tags täglichen geschehe.

§. IV. Am Keyserlichen Reichs-Hof-Rath seynd dergleichen Audienzen niemahls bräuchlich gewesen/ auch nichts/ das diesen etwan ähnlich geschienen. Es beschehen daselbst von den Agenten keine Mündliche Recesse, auch werden nicht eben so viel Schrifftliche/ wenn man die Reproductions-Recesse außnehmen will/ exhibiret, sondern alle Schrifften und Gesätze in Termino durch den Reichs-Hof-Raths Thürhüter dem Herrn Præsidenten/ oder Vice-Præsidenten in dem Rath/ kurtz vor dessen Endigung (R.H.O. tit. 3. in pr. verb. Eine halbe Stunde vor dessen Endigung) überliefert/ woselbst auf jede Gesätze der Tag/ wenn sie überreichet/ von dem Secretario geschrieben

ben wird/ (am Cammer-Gericht wird dieses von den Lesern in den Audientzen verrichtet) und deren Titul oder Rubric in das Protocoll eingetragen/ R. H. O. d. tit. 3. in pr. verb. In den Reichs-Hof-Rath durch den Thürhüter einliefern lassen. Wann Brief und Siegel oder dergleichen Instrument zu recognosciren, wird solches für den Herren Deputirten verrichtet/ Reichs-H.O. dict. tit. 3. §. Wemn auch vor der Relation. Auch kommen die Procuratores und Agenten nicht in den Reichs-Hof-Rath / ohne wann sie einen Eyd ablegen/ R.H.O. Tit. 6. §. Die jenige. verb. Gleichergestalt die Lehens-Eyd und andere aufgelegte Juramenta Judicialia zu Ende des Raths offentlich abgeleget un erstattet werden. Nehmlich/ es werden alle Juramenta von den Procuratoren in plenô consessu im Reichs-Hof-Rath abgeleget/ welches aber bey dem Cammer-Gericht nicht beschiehet / denn daselbsten schweren die Procuratores in den öffentlichen Audientzen in Gegenwart des Herrn Cammer-Richters / oder dessen Stadthalters und eines Beysitzers. Bißweilen auch im völligen Rathe/ nehmlich bey Eröffnung der Urthel/ wenn einem und dem andern durch ausgesprochene Sentenz ein Eyd auferleget wird.

Das II. Cap.
Von dem Proceß der schlechten einfachen Klagen/ wie auch der Appellation.

§. I.

WIr haben in Vorhergehenden den Proceß/ so bey den Audientzen gebräuchlich/ oder die Ordnung / nach welcher die Cammer-Procuratores in den Audientzen zu procediren pflegen/ erwogen und betrachtet. Vorizo wollen wir von dem Proceß der Sachen/oder derselben Prosecution, von der Reproduction der Käyserlichen Processe an/ biß auf das End-Urthel/ reden und handeln. Und anfänglich zwar von dem Processe der schlechten einfachen Klage/ oder simplicis qverelæ, welche also genennet wird/ entweder respectu der Appellation, da bey dem Richter nicht nur eine einige

und

und schlechte/ sondern vielfältige Klage angebracht wird/ denn darfür zu halten/ daß so viel Klagen verhanden/ als gravamina angeführet werden/ oder aber/ weiln diese simpliciter und schlechter dings/ die Appellationes aber relatè, oder als solche/ die sich auf die simplices beziehen/ consideriret werden.

§. II. So viel nun causas simplicis qverelæ anlanget/ so reproducirt (1) Klägers Procurator/ nach dem er sich vorher legitimirt, oder den Gewalt binnen gewisser Zeit (3. oder 4. Wochen) einzubringen angelobet/ die Ladung mit der darauf geschriebenen Execution oder des Cammer-Botens relation über beschehener rechtmäßiger insinuirung der Ladung/ nebenst den Beylagen. (2) Erscheinet Beklagtens Procurator/ legitimirt ebenfalls seine Person/ oder aber cavirt de ratô & Mandatô, bestehet darauf Gegentheils Vollmacht/ und so er einige Exceptiones fori declinatorias einzuwenden/ werden solche von ihm/ nebenst angehängter eventual-Litis contestation opponirt, worbey er aber auf Klägers Klag-Libell zu antworten nicht nöthig hat/ R. A. de anno 1654. §. Und hat der Beklagte. 35. (wofern aber derselbe nur dilatorische Exceptiones einwendet/ ist er/ nach Anleitung gemelten Reichs-A. §. Es soll auch hinführo. 34. gehalten und verbunden/ denselben zugleich mit der eventual-Litis contestation auch seine eventual-Antwort auf Klägers Klag-Libell nothwendig mit anzuhängen) Auf diese Exceptiones nun antwortet (3) Kläger summarischer Weise/ Beklagter aber übergiebt (4) in puncto fori seine Duplic und submittirt. Hierauf (5) Kläger seine Replic contra fori Exceptionem, und submittirt gleichfalls. Wann nun (6) die eingewanten Exceptiones Declinatoriæ durch ergangenes Urthel verworffen/ producirt Beklagter auf das von Klägern übergebene summarische Klag-Libell eine kurtze und deutliche Antwort/ nebenst seinen Defensionalen. Hierauf excipirt (7) Kläger darwieder/ antwortet auch zugleich auf fürgebrachte Defensionales, Da denn (8) von beyden Theilen Commissarien (wo es für nöthig befunden worden) begehret werden/ und wird umb Dilation zur Beweisung angehalten. Nachdem nun (9) der angesetzte Beweiß-Termin verflossen/ wird umb Eröffnung der Zeugnüsse angehalten/ da denn (10) Beklagter wieder den producirten Zeugnüß Rotulum und andern Beweiß excipirt. Eben daſſelbe beſchicht auch (11) von Klägern/wenn Beklagter eines Gegenbeweiſes ſich angemaſſet und einen Zeugnuß Rotulum oder andere Documenta producirt hat. Hierauf wird (12) auf die wieder die Beweiß-Articul eingewandte Exceptiones replicirt, und von beyderſeits Partheyen beſchloſſen. Dann in puncto der Beweiſung durch den K. A. de anno 1654. §. Ebenmäßig. 57. zu dupliciren verboten iſt.

§. III. Haben wir demnach den allgemeinen Proceß/ ſo in cauſis ſimplicis qvereræ gebräuchlich/ vor dißmahl entworffen. Es wird aber auch in den meiſten Sachen ſimplicis qvereræ ein Special-Proceß obſervirt, Denn anders wird es gehalten in Mandatis Cum anders in Mandatis ſine clauſulâ, anders in Sachen/ den gemeinen Land-Friedbruch betreffend/ anders in Pfandungs-Sachen/ und in andern wiederum auf andere Art und weiſe. Von welchen allen Roding lib. 3. Pandect. Cameral. tit. 38. & ſeqq. weitläufftig handelt.

§. IV. Nun müſſen wir auch mit wenigen annoch den Appellations-Proceß erwegen: Nemlichen/ Es reproducirt Appellantens Anwald im erſten Termin die Appellations-Proceſſe (als Citationes, Inhibitiones, und Compulſoriales) entweder in Abſchrifft mit darauf-gezeichneter Relation des Cammer-Botens/ oder aber in dem Inſtrumento inſinuationis, Krafft habenden Gewalts/ ſo er aufweiſet/ deßgleichen/ ſo er die Acta erſter Inſtantz nicht produciren kan/ das Documentum Reqviſitionis, und hält/ nach Beſchaffenheit des Documents, zu Producirung der Acten umb Termin an. Appellatens Anwald erſcheinet gleichfalls / legitimirt ſeine Perſon/ wendet ſeine Exceptiones, da er deren zu haben vermeint/ ein/ und impugnirt, wenn er anders ſolches thun kan/ die Appellationsformalia, (doch geſchicht dieſes beyderſeits mit der eventual-Litis-
„ Conteſtation,) Zum Exempel: Und weiln Juramentum
„ apud Judicem â qvô nicht abgelegt/ und weiln Summa nicht appellabilis, und dem Privilegio kein Gnügen geſchehen/ ſo bitt ich abſolutionem â Citatione cum
„ expenſis. So aber Appellant ipſa Acta priora überliefert/ bittet er umb des aufgedruckten Inſiegels recognition, publication und

und communication, auf diese oder dergleichen Art: **Ubergieb** Acta priora clausa & sigillata, *bitt aufgedruckten Jn-siegels* recognitionem, communicationem & terminum ad libellandum. Wo/ nebenst der Ladung/ inhibition ergangen/ und wider die inhibition ichtwas attentirt worden/ so muß zugleich auf die Straffe geklaget werden. So aber keine inhibition ergangen/ und dieser zu wieder ichtwas vorgenommen worden/ muß umb revocation angehalten werden.

§. V. So Appellat Exceptiones declinatorias oder dilatorias opponirt, wird darbey eben ein solcher Proceß in acht genommen/ wie in causis simplicis qverelæ zu geschehen pflegt; Und wofern befunden wird/ daß selbige offenbahrlich falsch/ und nur zur Verzügerung der Sach eingewendet worden/ wird Appellat/ nach des Richters Ermessen und Gutdüncken/ in eine Straff etlicher Marck Goldes oder Silbers condemnirt. Wofern aber dergleichen Exceptiones declinatoriæ oder dilatoriæ nicht eingewendet / muß alsbald der Krieg purè befestiget werden. Solchen aber zu befestigen/ negirt Appellat narrata libelli, prout narrantur, und bittet in Rechten zu erkennen und auszusprechen: **Daß wohl gesprochen und übel** appellirt sey/ oder aber/ daß das vorige Urthel reformirt, und ausgesprochen werden möchte: **Daß in diesem Punct wohl/ in jenem aber übel gesprochen sey/ deswegen** Appellant **die dißfalls verursachte Schäden und Unkosten abzustatten.** Wenn Appellant nichts neues proponiren, sondern alsbald auf die Acta erster Jnstantz (welches ihm dann frey gelassen) concludiren will / so wiederholt er seine Appellations=Klage / und die acta voriger Jnstantz, statt der gravaminum, und bittet Jnhalts seiner Appellation zu verabschieden / submittirt darauf/ auf Richterliches Erkäntnüß. Worauf Appellat ebenfalls auf die von Appellanten ad acta priora beschehene Submission, wo Er sich nicht der gemeinen Appellations-Freyheit gebrauchen/ und seines Orts etwas Neues fürbringen will/ welches ihme frey stehet/ auf gleiche Art und weise alsbald submittirt, die acta vorhergegangener Jnstantz in passibus utilibꝫ wiederholende. R.A. de anno 1654. §. **Auch in Fällen.** 66. Das andere lehret die Ubung.

Das III. Cap.
Von Eröffnung der Cammer-Urthel.

§. I.

Nach gemeinen Keyserlichen Rechten müssen die Partheyen zur Publication der Urthel citirt und geladen werden/ dergestalt/ daß auch Sententia Principis nicht bestehen kan/ wann die Ladung an die Partheyen aussen gelassen worden. Allein am Keyserlichen Cammer-Gericht werden die Partheyen zu Anhörung der Urthel nicht citirt, sondern es ist genug/ wann solche im Anfang der Klage einmahl der Gebühr nach fürgeladen worden/ und man die Procuratores bey den Acten habe. Am Keyserlichen Reichs-Hof-Rath/ weiln dergleichen publication der Urthel gantz nicht gebräuchlich/ (besihe den letzten §) so ist offenbar/daß daselbst die Partheyen ebenfals zu Anhörung der Urthel nicht citirt werden. Ferner wird nach gemeinen Keyserlichen Rechten/ wenn der Procurator litem contestirt hat/ das Urthel nicht wider den Principal, sondern dessen Antwald gesprochen. Allein nach dem gewöhnlichen Gebrauch des Cammer-Gerichts ergehet das End-Urtheil wider den Principal selbsten/ welches sich denn auch am Keyserlichen Reichs-Hof-Rath also verhält. Anitzo wollen wir mit wenigen die jenigen Solennitäten/ so heutiges Tags bey publicirung der Cammer-Urthel gebräuchlich/ entwerffen,

§. II.

Ehe und bevor die Urthel am Keyserlichen Cammer-Gericht zu Speyer solenniter publicirt werden/ werden selbige allerseits vorhero in der Rath-Stuben dem Herrn Cammer-Richter/ Præsidenten und Assessoren von dem Proto Notario fürgelesen/ und nochmahls des gantzen Raths Gutachten anheim gestellet. Nach diesen gehet der gantze Rath in stattlicher Ordnung in die Audienz-Stuben/ in welcher/ wann sie hinein kommen/ der Herr Cammer-Richter und dessen Vicarius auf den Gerichts-Stuhl steiget/ der in der Mitten an einem in etwas erhabenen Orthe/ unter einer sammeten Decke/ stehet/ den Gerichts-Scepter/ so ein Zeichen der Botmäßigkeit ist/und ihme von dem Pedellen dargereichet wird/ in der Hand haltend. Auf beyden Seiten sitzen die Herren Præsides und Assessores, und zwar diese nach Ordnung und Dignität der jenigen Reichs-Stände/ von denen sie præsentirt worden.

Die

Die Proto-Notarii, nebenſt denen Notarien und Leſern aber/ verfügen ſich an einen innerhalb der Gerichts-Bäncke geſetzten Tiſch/ deßgleichen umbgeben die Cammer-Advocaten und Procuratores den Gerichts-Stuhl in ſolcher Ordnung/ wie einer nach dem andern bey dem Cammer-Gericht recipirt worden/ hinter ihnen ihre Schreiber/ welche den Inhalt der verleſenen Urthel nachſchreiben/ worbey dann auch die Clienten, Practici und andere Perſonen unterſchiedenes Standes mehr/ ſitzen oder herumb ſtehen. Bald darauf/ wann vorher von dem Pedellen mit dem Stocke ein Zeichen gegeben und zum Stillſchweigen ermahnet worden/ trit der ProtoNotarius in die Mitten/ und nachdem er mit gebogenen Knien dem Herrn Cammer-Richter ſchuldige reverenz und Ehrerbietung erwieſen/ werden die Thüren aufgemachet/ und ſo dann von ihme mit erhabener deutlichen Stimme alle Urthel nach der Reihe ordentlich abgeleſen.

§. III. Vor Zeiten/ da der Herren Aſſeſſoren Anzahl gröſſer geweſen/ hat ein Rath umb den andern der publication der Urthel beygewohnt/ und abſonderlich diejenigen/ welche bey Abfaſſung der Urthel geweſen/ und welche die Haupt-Sach/ worüber das Urthel zu publiciren, referirt. R. A. de Anno. 1570. §. Und dieweil nicht nöthig. 59. Heutiges Tags aber müſſen ſie allerſeits/ weiln ſie in geringer Anzahl beſtehen/ der publication der Urthel beywohnen/ es wäre dann/ daß ſie rechtmäßiger Weiſe daran verhindert und abgehalten würden.

§. IV. Dieſe publicirung der Cammer-Urthel iſt an keine gewiſſe Zeit gebunden. Vor Zeiten zwar wurde ſelbige/ weiln/ wie berühret worden/ der Herren Aſſeſſoren an der Anzahl mehr geweſen/ zum öfftern gehalten/ Heut zu Tag aber werden alle vier oder ſechs Wochen/ nach Ermeſſen und Gutdüncken des Herrn Cammer-Richters Urthel publicirt, in ſolcher Menge/ daß deren zum öfftern in die 200. die Meiſten aber nur inter locur. und wenig definitiv-Urthel ſeyn.

§. V. Bey publication einer Achts-Sententz werden abſonderliche Solennitäten in acht genommen. Nehmlich/ es wird zu erſt das Urthel auf itzt gemelte Arth und Weiſe/ wie es bey allen andern geſchicht/ in der Audientz-Stube publicirt. Nachmahls begiebt ſich der Herr Cammer-Richter/ begleitet von allen Aſſeſſoren und einer groſſen Menge Volcks/ in den Hof oder an einen Orth unter freyen Himmel/ woſelbſt die Achts-Erklärung solenniter vorgehet/ und wird von dem Proto-Notario der Zettel/ worauf die Acht geschrieben in Stücken zerrissen und auf die Erde geworffen. Deßgleichen wird auf der Partheyen Anhalten die Ankündigung der Acht aus der Cammer-Cantzley/ in formâ probante, denen Aechtern durch den Cammer-Boten überschickt/ welches/ ob es vom Cammer-Gericht auch ex Officiô geschehe/ haben wir uns so genau nicht erkundiget. Am Keyserlichen Reichs-Hof-Rath/ wird denen/ so in die Acht erkläret werden/ selbige durch den Keyserlichen Reichs-Herolden in locô Domicilii angekündiget; Das ist: Die Achts-Erklärung wird den Aechtern durch den Herold öffentlich vorgelesen/ und/ wo es eine Gemeinde betrifft/ an das Rath-Hauß/ oder (wo man den Herolden in die Stadt nicht wolte einlassen) in vidimirter Abschrifft an die Stadt-Thore affigirt, oder auch/ so dieses wolte verwehret werden/ für das Thor/ im Angesicht der Wacht nieder gelegt. Besiehe die Instruction: **Wornach sich Herr Keyserl. Reichs-Herold bey Verkündigung der Reichs-Acht in Erffurth zu richten. Würtzburg 1663.** Die Arth und Weise/ wie ein Reichs-Stand in die Acht zu erklären/ ist noch unter der jenigen Anzahl begriffen/ deren Erörterung biß auf itzigen Reichs-Tag außgesetzt werden. Es ist zwar in dem Chur-Fürstlichen Project wegen Einführung einer gewissen und beständigen Keyserlichen Capitulation, so auf itzigem Reichs-Tage im Monat Majo deß 1664. Jahrs per publicam dictaturam communicirt worden/ art. 20. Dergleichen modus entworffen/ allein es wird sowohln über diesen/ als auch andern in solchem Project enthaltenen Puncten in dem Fürsten-Rath biß diese Stunde deliberirt, weß halber Wir auch noch eine allgemeine Decision zu gewarten haben.

§. VI. Im übrigen ist am Keyserlichen Reichs-Hof-Rath/ gantz keine publication der Urthel/ wie am Cammer-Gericht/ bräuchlich/ sondern wann das Urthel in dem Rath abgefasset/ pfleget dieses durch den Secretarium denen Procuratoren oder Agenten notificirt zu werden. Dann der Secretarius alle Tage die Titul und Uberschrifften der jenigen Sachen/ auf welche vom Reichs-Hof-Rath entweder Decreta oder Urthel ergangen/ auf einem Zettel setzet/ und solchen in seiner Behausung an seine Studir-Stuben-Thür affigirt, und es also dardurch den Procuratoren zu wissen thut/ welche hernachmahls die Urthel aus der Reichs-Cantzley in formâ probante ihnen extradiren, und dem Gegentheil durch einen Notarium und Zeugen insinuiren lassen.

Das IV. Cap.
Von den Rechtlichen Hülffs-Mitteln/ wieder die von dem Keyserlichen Cammer-Gericht/ und Reichs-Hof-Rath ergangene Urthel.

§. I.

OB wol von denen in beyden höchsten Reichs-Gerichten ergangenen Urtheln zu appelliren, oder zu proviciren Niemand zugelassen; Nichts destoweniger aber haben die streitige Partheyen daselbst sich noch etlicher Rechts-Wohlthaten zu bedienen.

§. II. Die von dem Cammer-Gericht ergangene Urthel werden impugnirt entweder/ wenn man umb Restitutionem in integrum anhält/ wordurch der Part eines begangenen Irrthumbs/ oder aber umb Revision, wordurch der Referent eines Versehens/ oder umb Syndicat/ wordurch derselbe eines Betrugs/ und der Procurator einer Falschheit und Untreu beschuldiget wird. Welche Rechtliche Hülffs-Mittel auch darinn unterschieden/ daß Restitutio in integrum für eben dem Richter/ welcher das Urthel gesprochen/ dem Cammer-Gericht nehmlich/ die Revision und Syndicat aber für den Käyserlichen / als auch der Reichs-Stände Commissarien angestellet werden.

§. III. Durch Restitutionem in integrum wird das Cammer-Richterliche Amt implorirt, daß es die von ihm gesprochene Sentenz (es mag nun ein End- oder Bey-Urthel seyn/ denn in beyden die gesuchte Restitution statt hat) **aus redlichen und solchen Ursachen/ so zuvor nicht vorbracht/** welche nicht Articuls-weise/ wie vor Alters C. G. O. part. 3. tit. 52. in fin. so nach heutigen Rechten summarischer weise proponirt werden müssen/ R. A. de anno 1654.

§. Diesem nechst. 34. versf. **Daß nehmlich.**) retractiren, und das durch wiedrig-ausgesprochenes Urthel entzogene Recht restituiren möge.

§. IV. Es wird aber umb Restitution in integrum angehalten/ (wel-

(welches durch den bestellten Anwald/ Krafft ad acta gegebenen General-Gewalts/ der auch in specie umb Anſuchung derſelben inſtruirt iſt/ geſchicht) entweder brevi manu, oder aber nach kurtz vorhergegangener Ladung des Gegentheils. Beyderſeits aber geſchicht entweder gerichtlich/ oder auch auſſerhalb Gerichts/ nach Gelegenheit der Sache/ und des Supplicanten Gutdüncken. Mehrentheils aber wird der/ welcher extra-judicialiter entweder pro reſtitutione brevi manu, oder auch umb Citation ad videndum ſe reſtitui, ſupplicando einkoṁt/ an das Gericht verwieſen) wann nehmlich Zweifel vorfiel/ ob die angezogenen Urſachen gnugſamb erheblich/ daß mit Anhörung des Gegentheils/ und mit mehrer der Sachen Erkäntnuß die geſuchte Reſtitution durch ergangenes Urthel entweder abgeſchlagen oder erkant werden möge.

§. V. Bißweiln auch wird Gegentheils Ladung præcisè erfordert/ wann nemlich die Reſtitution wieder ein Definitiv-Urthel/ oder ein anders/ ſo gleiche Krafft und Wirckung hat/ geſucht wird/ alldieweil allhier/ wie Mynſinger. 1. obſerv. 49. meldet/ und haben will/ das Klag-Libell/ die Litis-Conteſtation und anders mehr erfordert wird. Denn ſonſten/ wo keine prævia Citatio reqviriret wird/ der jenige unweißlich handelt/ der ſolche vor die Hand nimmt/ wenn er brevi manu die Reſtitution erhalten kan. Alſo werden auch öffters Reſtitutiones brevi manu wieder den lapſum fatalium geſuchet/ welche denn auch leichtlich erkennet werden/ wenn die fatalia verabſäumet worden/ entweder durch Nachläßigkeit des Cammer-Botens/ oder des Notarii, ſo die Proceſſe gar ſpat inſinuirt, oder auch des Procuratorn/ der ſich mit reproducirung derſelben ſeumig erwieſen/ doch aber/ wo dieſer begütert und zu bezahlen hat/ muß er den Schaden/ ſo den Partheyen durch ſeine Nachläßigkeit zu gezogen/ wiederumb gut thun und erſetzen.

§. VI. Nun wollen wir auch etwas weniges von der Reviſion melden. Selbige nun iſt ein Remedium extraordinarium, wordurch dem jenigen/ welche durch ein von dem Cammer-Gericht ergangenes Urthel ſich beſchweret befinden/ vermittelſt etlicher Keyſerlicher und der Reichs-Stände darzu deputirten Commiſſarien, ſo die Acta revidiren müſſen/ auß einer Giltigkeit geholffen wird: Umb dieſe nun muß heutiges Tags/
nach

nach Anleitung des Reichs-Abschieds, von Anno. 1654. §. in Fällen/ 125. Innerhalb 4. Monat/ von Zeit des außgesprochenen Urthels an/ sub pœnâ desertionis bey den Chur-Fürsten zu Mäyntz/ oder aber wann dieser darbey mit interessirt, bey Chur-Trier auf diese und dergleichen Weise supplicando angehalten werden: daß Supplicant durch ein in dem Cammer-Gericht an diesem oder jenem Tag ergangenem und außgesprochenem Urthel (dessen Copey zugleich mit bey zufügen) zum höchsten sich beschwert befinde/ und derohalben gezwungen worden/ das in der Cammer-Gerichts-Ordnung vorgeschriebene Remedium Revisionis zu ergreiffen/ mit unterthänigster Bitt/ Seine Chur-Fürstliche Gnaden wolte gnädigst geruhen/ solches Keyserlicher Majestät und künfftigen Revisoribus, wie nicht weniger dem Cammer-Gericht es so fort zu hinterbringen. Die Formul besihe bey Schvvanemann. libr. I. Process. Cam. cap. 75.

§. VII. Hierauf wird Supplicanten auß der Mayntzischem Cantzley ein Document, der beschehenen Intimation halber zugestellt mit diesen „formalien: Dem Hochwürdigsten Fürsten und Herrn/
„ Herrn Johann Philip/ Ertz-Bischoffen zu Mäyntz und
„ Chur-Fürsten/ ꝛc. Unserm gnädigsten Herrn/ ist der
„ Gebühr gehorsamlich vor- und angebracht worden/
„ welcher Gestalt bey ihrer Chur-Fürstlichen Gnaden
„ N. N. umb Außschreibung einer Revision von ange=
„ deuten Sachen N. N. wider ihn Beklagten Citationis
„ super fractâ pace den - - M. Anno - - am Keyserl.
„ Cammer-Gericht zu Speyer ergangenem Bescheid in
„ Unterthänigkeit angesucht und gebethen. Darauf
„ wollen höchst-gedachte Ihre Churfl. Gnaden gnädig=
„ lich nicht unterlassen / krafft tragenden Ihres Ertz=
„ Cancellariat-Ampts/ und was in dergleichen Fällen
„ die Keyserl. Cammer-Gerichts-Ordnung vermag und
„ mit sich bringet/ dieses an sie geschehene Suchen/ dem
„ Herkommen gemäß/ gehöriger Orthen zu denunciren

I ij   und

„und zu verkündigen. Und solches hat man dem Sup-
„plicanten zur Nachrichtung hiermit anfügen wollen.
„Signatum Mayntz unter Höchstgedachter Ihrer Chur-
„Fürstlichen Gnaden zu End aufgedruckten Cantzley-
„Secret. den = = Anno = =

L. S.

Mayntz. Chur-Fürstl.
Cantzley.

Dieser Notification-Zettel nun muß binnen gesetzter Zeit der 4. Monat durch einen fremden Procuratorem, oder wenigstens Notarium dem Cammer-Gericht insinuirt, (dann die geschworne Cammer Procuratores dürffen sich nicht unterstehen/ aus Respect und Ehrerbietung/ so sie diesem Gericht zu leisten schuldig/ der Cammer die gesuchte Revision zu notificiren, oder zu bitten/ daß sie derselben deferiren wolle) zugleich auch die gravamina exhibirt, wie nicht weniger das Juramentum Revisorium, so wohln von dem Part/ als dem Advocato zugleich/ ebener massen sub præjudiciô desertionis, abgeleget werden. Die Noti-
„fications-formul lautet folgender Gestalt: Auf empfangenen
„Befehl erscheine wegen Ihr. Fürstl. Durchl. N. N.
„hinterlassenen Herren Cantzler und Räthen/ krafft
„Original-Gewalts; Und demnach Ihr. Fürstl. Durchl.
„durch die am 21. Martii jüngsthin alhier außgesproche-
„nen Urtheil zum höchsten beschweret/ dannenhero Re-
„visionem zu suchen benöthiget: Als repetire zu dem
„Ende Churfürstl. Mayntzisches für etlichen Tagen zu
„diesen hochlöblichen Keyserlichen Cammer-Gericht ein-
„geschicktes Notification-Schreiben acceptatæ Revisio-
„nis, sammt darinn verschlossenen Urtheil sub Lit. A. so
„dann specialen Gewalt Advocati causæ ad præstandum
„Juramentum Revisionis allenthalben untersetzter respe-
ctivè

„ ctivè Hand und Siegel recognitionem bittend. Dann
„ ferner locô gravaminum repetire narrata Ihr. Fürstl.
„ Durchl. N.N. an Chur-Mäyntz sub 16. Jun. jüngst ab-
„ gelaffenen Schreibens; falls auch Ihr. Fürstl. Durchl.
„ zu gleichmäßiger præstation Juramenti von Rechtswe-
„ gen gehalten seyn solte/ bin ich auch in Dero Nahmen
„ Gewalt einzubringen/ und das Juramentum abzule-
„ gen/ erbietig.

§. IIX. Wann nun die gesuchte Revision soll angestellet werden/ erleget der Part/ welcher umb selbige angehalten/ eine gewisse Summ Geldes (so viel den Herren Revisoren der Sachen und der Personen Gelegenheit nach/ gut und billich dünckt.) Worauf die Herren Visitatores und Revisores sub fide eines absonderlichen in der Cammer-Gerichts-Ordnung fürgeschriebenen Eydes / wie ingleichen die Herren Cammer-Assessores durch welche das Urthel gesprochen/ bey ihren Pflichten und Eyden / so sie in Annehmung ihrer Aempter geschworen/ alle und iede dißfalls ergangene acta mit höchstem Fleiß durchlesen/ revidiren und erwegen. Nachmahls demonstriren die Herren Assessores die Ursachen und Gründe/ warumb von ihnen in der Sach also ausgesprochen und erkant worden. Die Herren Visitatores aber/ nach dem sie die Wichtigkeit der Sachen reifflich erwogen/ thun allein das vorige Urthel entweder reformiren oder confirmiren. Erfolget eine reformatoria, wird dem obsiegendem Theile das erlegte Geld wieder zugestellet/ wo aber das Urthel confirmirt wird/ verleuret es solches/ C. G. O. part. 3. tit. 53. §. Darauf sollen. 4. in fin. So viel aber die Vollstreckung des reformirten Urthels anlanget/ so gehöret selbige/ vermöge der Cammer-Gerichts-Ordnung/ nicht für die Herren Revisores, sondern für das Cammer-Gericht/ C.G.O. d. §. Darauf sollen. ibi. in fin. und mit der Execution solcher reformirten Urthel an dem Cammer-Gericht vollnfahren werden.

§. IX. Allein/ weiln von dieser materiâ Revisionis gantze Bücher/ insonderheit aber der vollkommene und von allen gelehrten Leuten approbirte Tractat/ welchen der hochgelehrte JCtus und Cammer-Gerichts-Assessor/ Benderus, in offentl. Druck heraus geben/ vorhanden/ so stehen wir billich an diß falls etwas mehrers anherzusetzen. Etwas weniges ist noch zu melden de effectu Revisionis, davon vor Zeiten unter den Rechtsgelehrten ein grosser Streit gewesen: Ob nemlich die angestellte Revision die Execution suspendire? Welche aber durch den R. A. de 20. 1654. erörtert/ und durch solchen der effectus suspensivus in künftig vorfallenden Revisionen gäntzlich abgeschafft worden/ wann nur der obsiegende Theil gnugsame Caution und Versicherung de restituendo Judicatu præstirt. im fall derselbe etwan bey verstatteter Revision succumbiren und die Sache verlieren solte. Worbey aber die geistlichen oder Religions-Sachen ausgenommen werden. G. R. A. §. Nach Berathschlagung. 124. in fin. verb. In geistlichen oder Religions-Sachen.

§. X. Und dieses ist also von der Revision/ so wohl in der Cammer-Gerichts-Ordnung/ als andern Reichs-Satzungen geordnet. Allein es ist nun schon eine sehr lange Zeit/ nehmlich vom Jahr 1558. an/ biß auf heutigen Tag/ daß die bißhero gesuchte Revisiones, nicht sonder schmertzlichen Seuftzen aller diß falls bekümmerten und geängsteten Reichs-Unterthanen/ unbeweglich stecken bleiben. Ein Syndicat ist/ da der streitige Part/ der durch ein unrecht Urthel sich beschwert zu seyn/ vorgiebt/ den Richter selbsten/ Betrugs halber/ anklagt/ daß er nemlich durch Bitte oder Geschencknehmung/ ingleichen aus Gunst oder Haß ein Unrecht Urthel gesprochen C. G. O. 3ter Theil/ tit. 53. §. Wo aber einige Partheyen/ thue hinzu Paris de Puteo tract. de Syndicatu. Es muß aber/ wenn man umb dergleichen Syndicat anhält/ eben die Art und Weise/ welche bey der Revision gebräuchlich/ in acht genommen werden / d. C. G. O. part. 3. tit. 43. §. Wo aber. in fin.

§. XI. Anitzo wollen wir auch von den Rechts-Mitteln/ deren sich ein oder ander unter den streitigen Partheyen wieder die von dem Reichs-Hof-Rath gesprochene Urthel bedienet/ etwas anführen. Von denen der Text in der R. H. O. tit. 5. §. Dafern sich nun. also lautet: Dafern sich nun ein oder andrr Theil durch die

die am Käyserlichen Hof gefällte Urthel gravirt zu seyn,
vermeinen/ und dannenhero entweder per viam nullitatis, Syndicatus, restitutionis in integrum oder sonst ei-
nig ander im Recht zugelassenes Mittel/dadurch die Urthel infirmirt werden könten/ vor und an Hand nehmen wolte/ daß solle ihm/ vermög des Münsterischen
Friedens-Schlusses/ Art. 5. §. Qvoad Processum. 54.
per viam supplicationis zu thun erlaubt seyn/und auf
solchen Fall der in itzt-gedachten Frieden-Schluß vorgeschriebene modus procedendi observirt werden.

§. XII. Ist demnach dem beschwerten Theil/ statt der beym Cammer-Gericht gebräuchlichen Revision/ vergönnet und zu gelassen/von
dem am Hof-Gericht gefällten Urthel an die Käyserliche Majestät zu suppliciren, daß die Gerichtliche Acta nochmahls/ mit Zuziehung anderer/ der beschwerten Sachen gleichen/ und keiner Parthey
zugethanen/ in gleicher Anzahl/ beyderley Religions-Räthen/ und
welche bey Fällung des ersten Urthels nicht gewesen/ oder doch des
Referenten oder Correferenten Stelle nicht vertreten/ revidirt werden möchten/ und ist Käyserlicher Majestät freygelassen/ in grössern
Sachen/und aus welchen eine Empörung in Römischen Reich entste-
hen könte/ über solches alles auch etlicher Churfürsten/ so von beyden
Religionen seind/ Meinung und Gutachten einzuholen. Wie solches
mit ausdrücklichen Worten in vorangezogenen Friedens-
Schluß gesetzet und verordnet worden.

§. XIII. Ob nun wohl dieses Supplications Mittel anderswo auch
eine Revision genennt wird/ als in der neuen Leopoldinischen Capitulation §. 42. Wan da stehet: Was auch einmal in erstgemel-
ten Unsern R.H.R. in Judicio contradictorio cũ debitâ
causæ cognitione ordentlicher Weise abgehandelt und
geschlossen ist/darbey soll es fürders allerdings verblei-
ben/und nirgends anders/es sey dann durch den ordentlichen Weg-der in offt ermelten Frieden-Schluß belieb-
ter

„ter Revision (welche iederzeit/ qvoad Processum, nach
„ Besag erst gedachten Frieden-Schlusses durch unpar-
„ theyische Reichs-Hof-Räthe/ so nicht bey Verfassung
„ der vorigen Urtheil / viel weniger Referenten oder
„ Correferenten gewesen / außgefertiget werden soll)
„ von neuen in cognition gezogen/ꝛc. Dahero auch der
Autor der so genannten Comitiologiæ part. 5. fol. 366. meldet/ daß
auch am Keyserlichen Hofe die Revision statt habe. Allermassen denn
auch an und vor sich selbsten per viam supplicationis nichts anders
intendirt, wird/ als daß eine Revisio Actorum vorgenommen werden
möge. Nichts desto weniger aber findet sich unter ihnen/ so wohln
was die Art und Weise solche anzustellen/ als auch zu proseqviren
anlanget/ ein Unterscheid: Denn weder bey Chur-Mäyntz einige
intimation, noch eine gewisse Zeit selbige zu denunciren, wie beym
Cammer-Gericht bräuchlich/ deßgleichen auch keine Revisores der
Reichs-Stände erfordert werden/ welches aus vor-angeführten
Orten des Westphälischen Frieden-Schlusses/ und der Reichs-
Hof-Raths-Ordnung/ gnugsam erhellet.

§. XIV. Und weiln/ nach Anleitung itzt-berührten Frieden-
Schlusses und der Reichs-Hof-R.-Ordnung/ auf dieses eintzige Sup-
plications-Mittel wieder die vom Keyserlichen Reichs-Hof-Rath
ergangene Urthel gewiesen wird; So halten die Rechts-Lehrer da-
für/ daß die hiebevor von etlichen à Cæsare male informato ad melius
informandum, oder à Cæsare ad Imperium vorgenommene Appellationes durch dieses nicht so gar unvermercklich ihren Abschied bekommen.

§. XV. Ob aber dergleichen Supplication effectum suspensivum habe? möchte iemand fragen. Dann ob wohl in den Revisionen durch den Reichs-Abschied von Anno 1654. §. Nach
Berathschlagung. 124. derselbe aufgehoben worden/ wann nehm-
lich/ wie wir oben angeführet haben/ gnugsame Caution bestellet
worden: So könte doch gleichwol ratio dubitandi, so wohl aus dem
Unterscheide dieser Supplication, und der am Cammer-Gericht gebräuchlichen Revision/ von welcher wir im vorhergehenden §. ge-
meldet/

meldet/ als auch den ausdrücklichen Worten des Westphälischen Frieden-Schlusses/ art. 5. §. 54. ibi: Darmit nicht den Partheyen daselbsten das Remedium suspensivum benommen werde/ genommen und gezogen werden. Allein wir halten darfür/ daß diese Worte von einem solchem Fall zu verstehen/wenn der jenige/ so üm Execution anhält/ nicht genugsame Caution bestellet/ wie solches so wohln in dem R. A. von Anno 1654. als auch vor diesen in der Auth. qvæ supplicatio, C. de precib. Imper. offer. erfordert wird/denn/wenn dergleichen Caution nicht beschicht/hat der effectus suspensivus allerdings statt/ nach Anleitung gemelter Auth. qvæ supplicatio, wo ausdrücklich gemeldet wird: Sententia non aliter executioni mandabitur, nisi victrix pars dignam fidejussionem præbuerit tantum restituendi cum legitimis augmentis, qvantum fuerit in condemnatine, si legitima retractione sententia resolvatur. Kan demnach die Supplication so fern recht und wol ein remedium suspensivum genennet werden/ wan aber gnugsame Caution bestellet worden/ hat der effectus suspensivus keine statt/so wol in Revisionen als Supplicationen/ denn wir halten dafür/ daß gleich wie in allen andern/ also auch in diesem (was den effect und Wirckung anlanget) die Revision mit der Supplication übereinkomme/und das/ was in einem Rechts-Mittel verordnet/ auch in dem andern gültig sey.

Das V. Cap.

Von Vollstreckung der am Keyserl. Reichs-Hof-Rath und dem Cammer-Gericht ergangenen Urthel.

§. I.

Die am Keyserl. Reichs-Hof-R. und dem Cammer-Gericht ergangene Urthel werden Inhalts der Executions-Ordnung vollstreckt. Seind demnach andere Personen in Römischen Reich/ welche die streitige Sachen der Reichs-Unterhanen in Verhör ziehn und darüber Urthel fällen/ andere aber/welche sothane Urthel wircklich vollstrecken; Das Keyserliche Cammer-Gericht lässet Mandata de exeqvendo ausgehen/ der Reichs-Hof-Rath aber meistentheils Commissiones ad exeqvendum. Beyderseits erkandte Processe aber werden an die Creyß-ausschreibende Fürsten gerichtet/ und haben einerley Krafft und Wirckung/bloß/daß sie dem Nahmen nach unterschieden seynd. §. II. Es

§. II. Es ergehen aber allezeit für dergleichen würckliche Vollstreckung Executoriales, welches solche Schreiben sind / worinnen die Cammer/ oder der Keyserl. Reichs-Hof-R. im Namen Keys. Majest. dem verlustigen Theil in einem darzu angesetzten Termin/ohne clausulâ justificatoriâ, anbefiehlt/dem ergangenen Urthel parition zu leisten/mit angehängter Ladung zu erscheinen/ und die beschehene parition anzuzeigen/ oder aber zusehen und gewärtig zu seyn/ wie er in die den Executorialen einverleibte Straff erkläret werde.

§. III. Dergleichen Executoriales aber werden heutiges tags nicht absonderlich/wie vor diesem beschehen/aus der Cantzley erhalten/ sondern allezeit an das Urthel (so offt als die Execution zu thun von nöthen/un der obsiegende Theil nicht in possessione ist) mit angehangen/ Inhalts des R.A. de ao. 1654. §. Darmit auch. 159. Desgleichen wird ein Termin umb die erfolgte parition zu dociren und zu erweisen/ nach ferne und weite des Orts/ ordinariè und gemeiniglich von 3. Monat/ in dem Urthel angesetzet/ mit einer angehängten willkührlichen Straff/ mehrentheils von zehen Marck Goldes.

§. IV. Wann nun auf das ergangene Urthel/ und den darinn mitangehängten Executorialen, keine parition erfolget/wird mit declaration der Strafe innengehalten/ und ergehen vorher noch etliche paritoriæ. (die bey dem Cammer-Gericht in keiner gewissen Anzahl bestehen/ und nur nach des Camer-Richters Gutdüncken angeordnet werden/am Keyserl. Hof-Gericht aber/derer gemeiniglich drey/selten aber vier seynd) So aber der jenige/ wider welchen sie ergehen/ in seiner Halßstarrigkeit und ungehorsam/ einen Weg wie den andern/ beharret/ werden arctiores Executoriales sub comminatione dupli & realis Executionis erkennet/ oder aber ergehet alsbald wider den jenigen/ so auf etliche ergangene Paritorien keine parition geleistet/ein Mandat de exeqvendo, oder Commission ad exeqvendum, an den Creyß-ausschreibenden Fürsten/ oder auch an den jenigen Richter/ unter welchen Beklagter gesessen oder begütert/ umb so wohln in der angedreuten Straff/ als in der Haupt-Sach/die Execution zu vollstrecken.

§. V. In Appellation-Sachen werden an das End-Urthel ebenfalls pœnal-Executoriales annectirt, in welche dem verlustigen Theil binnen gewisser Zeit parition zu leisten/ bey Straff 10. Marck Löthiges

ges Goldes/ auferleget wird. Wann aber darauf keine parition erfolget/wird/nachdem vorhero etliche Paritoriæ ergangen/ ein Mandatum executoriale ad Judicem à qvô erkennet/ worinnen diesem die wirckliche Vollstreckung/binnen gewisser Frist/ergehen zu lassen/ ebenfalls bey Straff 10. Marck Löthiges Goldes wird auferleget. Wo aber der Unter-Richter auf diesen Befehl nicht parirt, pfleget umb declaration pœnæ simplicis, wie ingleichen umb ein Mandatum arctius (sub pœnâ dupli) angehalten zu werden/ welches letztere zwar leichtlichen/ declaratio pœnæ aber gar selten erhalten wird/ wie solches die tägliche Observantz bezeuget. Wo aber die Sach vor desert erkant worden/gehört die Execution ipsô jure für den Unter-Richter/ So aber dieser in Vollstreckung derselben sich seumig erweiset/ alsdann können wider ihn/ entweder am Keyserl. Reichs-Hof-Rath/ oder am Cammer-Gericht/ ex aliô capite, nehmlichen verweigerter Justitz halber/ Processe ausgewircket werden.

§. VI. Aus diesen erhellet nunmehro der unterscheid unter so mancherley Arten der Processe/welche in diesen beyden höchsten Gerichten des Röm. Reichs/ in puncto Executionis, erhalten werden. Nemlich/ die Executoriales werden gerichtet an den Part/ so die Sach verlohren/und seind selbige/ so wohln in causis simplicis Qverelæ, als Appellations-Sachen gebräuchlich. Mandata Executorialia ergehen an den jenigen Richter/von welchem appellirt worden/ Mandata de exeqvendo, oder Commissiones ad exeqvendum aber/ an die Creyß-ausschreibende Fürsten.

Der Vierte und Letzte Discurs.
Von den jenigen Persohnen/ welche in den offt angezogenen beyden höchsten Reichs-Gerichten
die Justiz administriren.
CONTINUATIO.

Nunmehro müssen wir ansehen und betrachten die jenigen Personen/ welche in diesen beyden höchsten Reichs-Gerichten/ dem Keyserlichen Reichs-Hof-Rath und dem Cammer-Gericht/ gleichsam als hohe Priester der Gerechtigkeit dieser Göttin täglich ihr Opffer bringen/und im Römischen Reich Teutscher Nation derselben

ben Ampt administriren. Worbey auch etwas von den Advocaten und Procuratoren und deroselben Officio soll gemeldet werden. So viel aber die andern Personen/ welche bey diesen Gerichten auch ihre Bestallung und die vorfallende Geschäffte abzuwarten haben/ anlanget/halten wir der Sachen wenig fürträglich zu seyn/ von selbigen allhier groß Wesens zu machen.

Das I. Cap.
Von dem Keyserl. Cammer-Richter und dessen Vicarien. Wie auch dem Keyserl. Reichs-Hof-Raths Præsidenten und Vice-Præsidenten.

§. I.

Der Keyserliche Cammer-Richter repræsentirt den Keyser selbst/ als dessen Stelle er vertrit/ R. A. de anno 1654. Darmit aber auch 165. Dahero werden auch statt Keyserlicher Majestät an ihn alle Bitt-Schrifften/ Memorialia und schrifftliche Gesetze eingerichtet/ wie wir allbereit oben (im 2. Discurs cap. 1 §. 6.) angemercket haben. Dieser wird von Keyserlicher Majestät eingesetzt/und auß der Zahl der teutschen Fürsten/so wohln Geist-als Weltlichen oder wenigstens der Grafen oder Frey-Herren Stands-Personen erkieset/ sein Ampt ist fürtrefflich und mancherley/ und bestehet in sehr vielen Handlungen/die so wohln Gerichtlich/ als auch ausserhalb Gerichts geschehen/ wie auch andern Verrichtungen und Obliegenheiten mehr. Besiehe hiervon weitläufftig die Cammer-Gerichts-Ordnung I. Theils/ Tit. 10. & 11. kurtz darvon zu reden: Er ist des gantzen Cammer-Gerichts Haupt und ein Acht-haber und Beschützer desselben Ordnung.

§. II. Wann der Cammer-Richter abwesend/ wie zum offtern geschicht/wann er nehmlich in seiner Provintz durch Kranckheit oder andere Verrichtungen verhindert und abgehalten wird/so verwalten die Herren Præsidenten sein Ampt/ welche gleichsfals von dem Keyser oder Römischen Könige auß der zahl der teutschen Grafen und Herren Stands-Persohnen denominirt und erwehlet werden. Selbiger seynd vor Zeiten nur zweene gewesen/ allein durch den im Jahr 1570. gemachten Reichs-Abschied ist der dritte/und durch den Westphälischen Friedens-Schluß Anno 1648. der Vierte darzu kommen/ also/ daß aus beyderley sowohl Evangelischer als Römisch-Catholischer Religion zweene müssen erkieset
werden.

werden. Heutiges Tags aber seind deren nur 2. vorhanden/ deren einer der Augspurgischen Confession, der ander aber der Catholischen Religion zugethan. Diese Præsidenten nun/ weiln sie deß Cammer-Richters Vicarii, haben die meisten Geschäffte/ wie dieser selbsten/ zu verwalten/ es pfleget ihnen auch ebenmäßige Ehrerbiethung und Observanz, gleich dem Cammer-Richter/ erwiesen zu werden. Wann aber weder der Keyserliche Cammer-Richter/ noch einer von den Præsidenten zur Stelle/ so stehet das Richterliche Ampt dem Chur-Mayntzischen Assessori oder dem jenigen zu/ welcher der nechste nach diesen ist.

§. III. Der Præsident des Keyserlichen Reichs-Hof-Raths (dessen Ober-Haupt und Richter Keyserl. Majestät selbsten R. H. O. Tit. 1. pr. ibi. Unser Keyserlicher Reichs-Hof-Rath/ dessen obristes Haupt und Richter allein Wir und ein ieder Römischer Keyser selbst ist) wird ebenfals auß der Zahl der Reichs-Fürsten/ Grafen/ oder Herren-Standes-Personen erwehlet und verordnet R. H. O.
„ Tit. 1. pr. Mit einem verständigen/ und wie zu Führung eines
„ solchen Ampts von nöthen/ wohl qvalificirten Præsidenten, der
„ ein Reichs-Fürst/ Graff/ oder Herren-Standes sey. Dieser hat in dem Reichs-Hof-Raths-Collegio das völlige Directorium, iederzeit die Ober-Stelle/ hält die Umfrag/ und beschleust so dan. R. H. O.
„ Tit. 1. §. In solchen Fall. ibi. Unser Reichs-Hof-Raths Præ-
„ sident als das nachgesetzte Haupt iederzeit den vorsitz/ die Um-
„ frag/ den Beschluß und die gantze direction haben. In dessen Abwesenheit der Vice-Præsident sein Ampt verwaltet/ oder aber/ wo auch dieser nicht zugegen/ ein anderer Reichs-Hoff-Rath/ so der Nechste nach Ihm/ nicht zwar auf der Gelehrten-sondern der Cavalier-Banck. Von welcher zweyfachen Ordnung der Herren Reichs-Hof-Räthe Wir in folgenden Capitul handeln werden.

Das II. Cap.
Von den Cammer-Gerichts-Beysitzern/ wie auch Keyserlichen Reichs-Hof-Räthen.

§. I.

WEnn man statt Keyserl. Majestät/ als des Oberhaupts/ über die vorfallende Streit-Sachen der Reichs-Stände erkennet und urtheilt/ und nach der Norm und Richtschnur der Rechte im H. Röm.

Reich die Justitz administrirt/ Solches ist ein fürtreffliches herrliches und recht Göttliches Ampt. Dieses nun stehet den Herren Assessoren des Cammer-Gerichts zu/ als welche nebenst dem Cammer-Richter Käyserl. Majestät und sämptlicher Reichs-Stände Stelle vertreten/ und des H. Röm. Reichs perpetui Senatores seind. Beysitzer werden sie genennet/ weiln sie bey dem Herrn Cammer-Richter sitzen/ und nach ihm die nechste Stelle haben/ auch allen ihren Fleiß und Arbeit/ so wohln in Verhör- als Erörterung der Sachen/ helffen beytragen. Ja sie seind gleichsamb als Richter/ C. G. O. part. 3. tit. 53. §. Ob sich aber. 6. woselbst sie Urtheiler genennet werden/ denn sie nicht allein über eine Sache erkennen/ sondern auch solche erörtern und darüber das Urtheil fällen. Sie bestehen aber theils aus Augspurgischer Confeßion/ theils der Römisch-Catholischen/ ja auch einer aus der so genanten Reformirten Religion/ R. A. de 20. 1654. §. Doch soll darbey. 23. Nachdem aber heutiges tags die Catholische in grösserer Anzahl/ als die Evangelische/ bestehen/ so werden in streitigen Rechts-Sachē ungleicher Religions-Stände/ etliche auß beyderley Religion/ in gleicher Anzahl/ zu deren Erörterung deputirt. Ferner seynd deren theils Grafen/ Frey-Herren oder Rittermäßige Personen/ theils aber Rechts-Gelehrte.

§. II. Nun müssen wir betrachten/ so wohln wie sie præsentirt oder denominirt, als auch erwehlet werden. In dem Oßnabrückischen Frieden-Schluß/ de 20. 1648. ist zwar verordnet/ daß 50. Cammer-Beysitzer/ in gleicher Anzahl/ beyderley Religion/ præsentirt und verordnet werden solten/ es ist aber diese Anzahl noch zur Zeit nicht erfüllet/ ja nicht einmahl auf die Helffte. Der Keyser verordnet dem Cammer-Richter vier Præsides, (unter denen zweene Augspurgischer Confeßion) und zweene Beysitzer. Die übrigen Assessores aber werden von den Reichs-Ständen præsentirt, und zwar von den Catholischen 24. und aus iedwedem Creyß/ gemischter oder beyderley Religion/ hat man Macht zu erwehlen und einzusetzen/ nicht allein zweene/ so der Römisch-Catholischen/ sondern auch zweene/ die der Augspurgischen Confeßion zugethan seynd/ besage ermeldten Frieden-Schlusses/ art. 5. §. 2. Welchen Ständen aber in den Reichs-Creysen das Jus præsentandi zustehe/ zeiget das dißfalls verfaste Schema an/ welches aber noch zur Zeit keine rechte Vollkommenheit hat/ d. R. A. §. Notandum. 30.

und

und seynd derer noch viele/ absonderlich im Ober-Rheinischen Creyß/ so das Jus præsentandi biß auf diese Stunde prætendiren.

§. III. Stehet demnach die præsentation zur Adsessorat-Stelle dem Keyser und den Reichs-Ständen zu/ die Election oder Wahl aber dem Herren Cammer-Richter und dessen zugeordneten Assessoren, welche den tüchtigsten aus denen die præsentirt werden/ erkiesen und heraus nehmen. Vor Zeiten musten derer zweene oder drey zugleich præsentirt und vorgestellet werden/ allein/ nach der jüngeren Constitution gemelten R. A. de Anno. 1654. §. Gleichwohl aber und weil 27. Wenn ein præsentatus qvalificirt genug befunden wird/ ist das Cammer Collegium schuldig und verbunden solchen auf- und an zunehmen/ und ad relationem pro Adsessoratu zu admittiren. Es werden nehmlich dem Præsentato umb eine Probe seines Fleisses und Geschicklichkeit zu erweisen/ Acta zu referiren übergeben/ über deren Inhalt und Haupt-Sach nachmahls von denen Herren Deputirten, für welchen der Herr Præsentatus die Acta referirt, Er freundlich vernommen wird. Nachdeme man nun durch beschehene Relation dessen erudition und Geschickligkeit erforschet/ werden von allen und ieden Herren Assessoren durch den Keyserlichen Herrn Cammer-Richter oder dessen Vicarium die Vota colligirt, und wo selbige auf ihn schliessen/ wird Er so fort gar solenniter zum Beysitzer und Collegen in pleno consessu auf- und angenommen/ welches Ampt er nachmahls unter sechs Jahren nicht wiederum resigniren kan.

§. IV. Die Keyserliche Herren Reichs-Hof-Räthe (von welchen wir sonder præjudiz der Ordnung anitzo etwas anführen wollen) seynd gleichsfals theils der Augspurgischen Confession, theils der Römischen Catholischen Religion zugethan. Die Evangelische zwar seynd den Catholischen an der Zahl ungleich (eben wie am Keyserlichen Cammer-Gericht) doch haben sie gleiche vota, verstehe/ wann nehmlich die Evangelische (ob ihrer gleich nur zweene/ drey oder vier seynd) an einem Theil gleichstimmig/ und die Catholische am andern Theil/ und ob sie wohl an Anzahl der Personen ungleich/ so werden doch ihre vota per fictionem qvandam gleich wichtig und gültig gehalten und die Erörterung in suspenso gelassen/ wordurch sie ein allgemein Votum oder Consilium machen/ welches zu Keyserlicher Majestät decision angestellet wird. Wo aber einer von den Catholischen mit seinem Voto denen Evangelischen beyfällt alsdenn haben die Evangelische die majora, welches sich im Gegentheil

gentheil auch bey den Catholischen so verhält. Dem sey aber/ wie ihm wolle/ es wäre mit dem Autore der Grundvest des Römischen Reichs 3te Theil / Cap. 5. gäntzlich zu wündschen/ daß dermahleins eine würckliche Gleichheit erfolgen und die erdichtete aufhören möge.

§. V. Doch wird in Sachen/ so zwischen den Catholischen und Augspurgischen Confessions Verwandten schweben/ oder auch/ wann Catholische wider Catholische streiten/ und der tertius interveniens ein Augspurgischer Confesions Verwandter ist/ oder vice versâ R. H. O. Tit. 1. (§. Wir wollen auch.) die würckliche Gleichheit observirt, und werden die Herren Reichs-Hof-Räthe aus beyderley Religionen/ in gleicher Anzahl/ darzu deputirt (absonderlich/ so dieses von denen Partheyen gesuchet wird) umb dergleichen Sachen zu erörtern und zu entscheiden R. H. O. d. l. ibi. Mit Zuziehung beyderseits Assessoren, gleicher Anzahl erörtert und entschieden werden. Gestalt dann solches auch bey dem Cammer-Gericht bräuchlich/ wie wir oben §. I. angemerckt haben/ Add. Die R. H. O. an gemelten Orthe/ wann da stehet: Nicht allein bey dem Cammer-Gericht/ sondern auch bey Unserm Keyserlichen Reichs-Hof-Rath.

§. VI. Ferner bestehen die Keyserl. Reichs-Hof-Räthe theils aus Rittermäßigen/ theils auch andern hochgelehrten und graduirten Personen. Jene nehmen in dem Reichs-Hof-Rath auf der Rechten Hand der Taffel (so die Cavallier-Banck/ oder der Ritter Banck genennet wird) ihren Sitz ein/ diese aber den andern Theil der Taffel (sonst der Gelehrten Banck genant) R. H. O. tit. 1. §. Die Seßion der Reichs-Hof-Räthe belangend. Beyderseits sitzen in der Reihe und Ordnung/ wie sie in den Rath kommen. Die ersten seynd entweder Fürsten/ Grafen oder Herren/ Standes-Personen/ allerseits von fürtreflicher Erudition und Experientz. R. H. O. tir. 1. pr. Mit gnugsamer Anzahl Reichs-Hof-Räthen/ gleichfalls von Fürsten/ Grafen oder Herren/ Rittermäßigen/ ꝛc. so in den Rechten und Rechts-Sachen wohlgeübt/ und die Gerichtliche Processen zu referiren, tauglich und geschickt. Und in der Leopoldinischen Capitul. §. 40. stehet: Mit Fürsten/ Grafen/ Herren/ von Adel/ und andern Ehrlichen Leuten. Die letztern aber/ Doctores Juris und andere hochgelehrte Männer/ R. H. O. d. l. graduirten oder sonst gelehrten/ wohlerfahrnen/ ansehnlichen/ frommen und geschickten

Perso-

Perſonen. Unter denen bey gehaltener Umfrag der Herr Reichs-Hof-Raths-Præſident dieſe Ordnung in acht nehmen muß/ daß er in Gerichts- oder Juſtitien-Sachen bey den Gelehrten den Anfang mache: In Staats- Landes- und andern Sachen aber bey den Rittermäßigen Perſonen anfange. R. H. O. tit. V. §. Demnach dañ/ ibi: Demnach dann von Alten hero ein Unterſcheid gehalten/,, und dieſelbe auf zwo Bäncke abgetheilet worden/ ſo ſolte gleich-,, wohl unſer Præſident dieſes Auffſehen haben/ daß/ in Sachen/,, die Juſtitiam betreffend/ mit Frag der erſten Stimmen an den,, Gelehrten/ aber in Staats-Landes- oder dergleichen Sachen/,, an den andern angefangen werde. So viel aber die Relation oder,, den Vortrag anlanget/ iſt dißfalls unter ihnen kein Unterſcheid/ und kan der Herr Præſident iedwedem die Acta zu referiren übergeben/ R. H. O. tit. 1. §. Alle dieſe. verb. Darinnen ohne Unterſcheid des Standes gebührlich referiren.

§. VII. Es iſt zwar in der Reichs-Hof-Raths-Ordnung Keyſerl. Maj. Ferdinandi III. Tit. 1. §. Und dieweil, ein gewiſſer numerus der Herren Reichs-Hof-Räthe determinirt, wenn da ſtehet: Daß hinführo itzt-erwehntes Unſers Reichs-Hof-Raths-Mittel über achtzehen Perſonen/ mit eingeſchloſſen des Reichs-Hof-Raths Præſidenten/ ſich nicht erſtrecken ſoll. Doch aber iſt Keyſ. Maj. an ſolchen numerum ſo genau und eben nicht verbunden/ daß ſie einem und dem andern/ wegen ſonderbarer Meriten, ob gleich keine Stelle Vacant iſt/ die Reichs-Hof-Raths-Charge nicht ſolte conferiren können. Alſo wurden im Jahr 1663. den 4. May/ſt. n. über berührte 18te Zahl/ von Keyſerl. Maj. vier neue Reichs-Hof-Räthe/ darunter drey Rittermäßige/ und einer ein Gelehrter/ erwehlet/ und ſo fort durch den obriſten Hof-Marſchall gar ſolenniter in den Rath introducirt.

§. IIX. Der Nation nach/ wird/ vermöge der Reichs-Satzungen/ erfordert/ daß die Keyſ. Hn. Reichs-Hof-Räthe Teutſche ſeyn müſſen/ R. H. O. tit. 1. pr. verb. So im Reich Teutſcher Nation gebohren. Leopold. Capitul. §. Wir wollen auch. 41. verb. gröſſers Theils/ ſo im Reich Teutſcher Nation gebohren. Doch aber werden ſelbige/ gleich denen Aſſeſſoren des Camer-Gerichts/ nicht von den Ständen aus den Reichs-Creyſen præſentirt, ſondern nach des Keyſers

Willkühr/ so wohln aus seinem Erb-Königreich und Landen/ als den Reichs-Creysen (die Evangelische nehmlich aus denen Reichs-Creysen/ darinnen entweder die Augspurg. Confeßions Verwandte allein/ oder zugleich die Catholische im Schwang gehet. R.H.O. Tit.1. §. Wir wollen auch.) erwehlet und genommen. Besiehe die Leopold.Capitulation. § Wir wollen auch künftig.40.
„ verb. Und nicht allein aus unsern Unterfassen/ Unterthanen
„ und Vasallen/ sondern mehrentheils aus denen/ so im Reich/
„ Teutscher Nation/ anderer Orten gebohren und erzogen ic.
„ besetzen und versehen.

Das III. Cap.
Von den Re- und Correferenten, wie auch der Art und Weise/ wie die Relation geschicht.

§. I.

Die Keyserl. Herren Reichs-Hof-Räthe nehmen die Acta nicht für sich selbst und eignes Gefallens und Gutdünckens ad referendum zu sich/ sondern der Herr Präsident theilet selbige unter sie allerseits klüglich und ordentlich aus/ (R.H.O. tit.4. § Und soll Unser Präsident in Außtheilung/ Vornehm- und Erledigung der Sachen diese Ordnung halten/ daß nehmlich ic.) fast eben auf solche Art und Weise/ wie am Cammer-Gericht bräuchlich/ R.H.O.
„ d. tit. 4. pr. ibi: Die Austheilung und Vornehmung der Ge-
„ schäfften und Sachen/ wie auch die Benennung und Anord-
„ nung der Referenten solle/ wie an Unsern Keyserl. Cammer-
„ Gericht gebräuchlich/ beschehen/ und ohne solche Assignation
„ und ausdrücklicher Anordnung solle keiner Unsrer Reichs-
„ Hof-Räthe ihme einige Supplication/ geschweigens eine gan-
„ tze Sache/ vor sich selbst zu sich nehmen.

§. II. Einem iedweden Referenten wird ein Correferent adjungirt und zwar in Sachen/ so zwischen den Catholischen und Augspurg. Confeßions-Verwandten schweben/ werden die Re- und Correferenten aus beyderley Religion erwehlet/ R.H.O. d tit. 4 § Nicht allein.
„ ibi und zwar/ da die Sache beederseits Religions-Verwand-
„ ten betreffen thäte/ solche Re- und Correferenten auch von bey-
„ derley Religions-Verwandten Räthen ansetzen.

§. III. Wie

§. III. Wie und auf was Arth aber die Acta referirt werden sollen/ darvon beschicht in der R. H. O. Tit. 5. in pr. gar schöne Meldung/ deßgleichen weiset Belold einen gar kurtzen Methodum, so bey den Relationen zu observiren, und eben dergleichen Stypmannus in seinem Referendario. Wir/damit es nicht das Ansehen habe/als ob wir hierinen gantz nichts verrichtet/wollen dißfals nur etwas wenigs melden. Der jenige nun/ welcher die relation eines im Gericht anhängig gemachten Sach schrifftlich verfassen und auffsetzen will/lieset zu erst die völligen Acta, so ihme ad referendum übergeben worden/ von Anfang biß zum Ende mit höchstem Fleiß durch/ bey welcher Durchlesung er fürnehmlich zwey principal Stück in acht nimmt/ eines was den Proceß/ das andere aber/ was die merita causæ anlanget. Den Proceß betreffend/ hat er zu erwegen/ ob derselbe/ der in Rechten vorgeschriebenen Ordnung nach/ eingerichtet sey/ oder bey solchen eine unheilbare nullität begangen worden? Selbige nun begiebt sich entweder am Richter/ oder aber den streitigen Partheyen/oder den Substantial Stücken des Processes. An der Person deß Richters begiebt sich selbige wann er/was die anhängig gemachte Sache anlanget/ in seiner Jurisdiction nicht fundirt, und von Rechts wegen in selbiger Sach nicht Richter seyn kan/ an den streitigen Partheyen/ wo es solche Personen/ die für dem Gericht nicht stehen/das ist: in selbigen weder agiren noch sich defendiren können/ deßgleichen/so derselben Procurator nicht legitimus, sonden sich fälschlich darfür außgiebt/oder auch nicht gnugsamen Gewalt oder Vollmacht fürzulegen habe. Die Substantial Stücken des Processes anlangende/muß der Referent acht haben. 1. Ob Beklagter der Gebühr nach citirt worden? 2. Ob das Klag-Libell förmlich eingerichtet/ in dem Gericht producirt und darüber lis contestirt? 3. Ob in der Sach rechtmässiger Weise beschlossen worden? Deßgleichen hat er anzumercken/ ob eine Recognition der eingegebenen Procuratorien und anderer Documenten vorgangen? Dann/ wo diese nicht geschehen/ muß sie zuförderst dem Part durch ein Urthel auferleget werden/ ehe und bevor zu einer anderweitigen Sentenz geschritten wird. Nachdeme nun dieses alles circa modum procedendi, der Gebühr nach/ erwogen und in acht genommen/schreitet der Referent gleiches Weges ad merita causæ, da er (1) den gantzen casum oder speciem facti aus den völligen Acten/fürnehmlich aber aus den in dem Klag-Libell enthaltenen narratis und petito

erforschet/ und darauf denselben seinen Jn. Collegen völlig und verständ-
lich/ doch in aller kürtz vortraget/ und dañ (2) wann solches geschehen/ referirt er/ was für eine Action sey angestellet worden? denn nach solcher muß das Urtheil formirt und eingerichtet werden/ und wofern in dem
Klag-Libell keine gewisse Action nicht exprimirt, oder aus selbigen nicht
füglich könte genommen und angemercket werden/ gleichwol aber aus den
narratis des Klag-Libells/ oder auch anderswo/ abzunehmen stünde/ daß
Kläger durch unterschiedliche Actiones hätte agiren uñ seine Klage anstel-
let können; So erkieset der Referent die jenige/ welche den angezogenen narratis gleichförmiger/ und Klägern nütz-und fürträglicher ist. (3) Erweget
er/ ob bey angestellter Klage nicht allein alle reqvisita obhanden/
sondern auch/ ob selbige gnugsam probirt und bewiesen worden?
Dañ/ wann nur ein einzig Reqvisitum ermangelt/ oder solches nicht gnugsam probirt/wird Beklagter von angestelter Klag entbundē und loß gezeh-
let/welches dahin zu verstehen/wo Kläger solches gantz nicht beweisen kön-
ne/ dann/ wo er solches vielleicht nicht gethan/ muß der Richter Klägern
vorhero die Beweisung auferlegen. (4) Considerirt er/ ob die auf solche masse bewiesene Klage durch Beklagtens eingewandte Exceptiones elidirt worden? Das ist/ ob Beklagtens Exceptiones erheblich
(welches so viel/ ob nehmlich/ selbige die Krafft und Wirckung die angestellte Klage zu removiren in sich haben) und ob sie gnugsam probiret?
Und solchen falß hält der Referent der Partheyen Einbringen/ daß ist/
die beydes von Klägern als Beklagten angeführte Ursachen/ probationes
und Rechts-Gründe fleißig gegen ein ander/ welcher nehmlich unter diesen die besten rationes und probationes für sich habe? Endlich thut er
hinzu/ was in der Sachen zu erkennen/ und auf was Arth und Weise das Urthel abgefast und eingerichtet werden solle/ da er dann zugleich
(5) sein Guthdüncken eröffnet: Ob die aufgewandte Unkosten aus recht-
mäßigen Ursachen zu compensiren, oder aber ein oder der ander Theil in
solche zu condemniren sey?

§. IV. Wenn aber eine Sache durch eingewandte Appellation
anhängig gemacht worden/ pfleget meistentheils folgende Art und weise observirt zu werden/ nehmlich: Es erweget der Referent für allen
Dingen/ Ob die Procuratores gnugsame Vollmachten fürzulegen
haben? 2. Ob der jenige/ an welchen die Appellation geschehen/ in seiner Jurisdiction und Botmäßigkeit fundirt sey? 3. Ob die formalia
Appel-

Appellationis, so wohln bey derofelben interpofition als introduction; in acht genommen worden? Welches er dann theils aus dem Inſtrumento Appellationis, theils aus den Protocollen/hernimt. Nachdem nun die formalia von ihm referirt, trägt er gleichfalls ſtatum cauſæ aus den Acten erſter Inſtantz für. 4. Merckt er an/ ob Appellant nach Art und Eigenſchafft des beneficii appellationis die Sache etwas weitläuftiger deducirt und was neues angeführt/ und ob dieſe neue an- und fürgebrachte Urſachen dergeſtalt erheblich/ daß dadurch das erſte Urthel reformirt werden müſſe? Welches er dann aus den angeführten gravaminibus und derſelben deduction gar leichtlich ermeſſen kan. Endlich/ nachdem er beyderſeits Partheyen angeführte Jura gegen einander conferirt, zeiget er ſeine Meinung an/was in der Sache zu erkennen und auszuſprechen.

Das IV. Cap.
Wie die Acta in dem Gericht referirt und fürgetragen werden.

§. I.

Biſher haben wir gehandelt von der Art und Weiſe/ wie die Relation verfaſſet und eingerichtet werden ſoll; Nunmehr wollen wir anſehen und betrachten/ wie ſolche an und vor ſich ſelbſt im Gericht zu geſchehen pfleget: Am Keyſerl. Cammer-Gericht pfleget der Herr Cammer-Richter (wann er zur Stelle iſt) desgleichen die Herren Præſidenten und Aſſeſſores alle Tage/ wo nicht ein Feyertag einfällt) Morgens früh in gewöhnlicher Rath-Stuben zuſammen zu kommen/ allwo dieſes herrliche Collegium/ umb die Sachen umb ſo viel eher zu beſchleunigen/ ſich in vier Räthe abtheilt; Zweene bleiben in dieſem Gemach/ die andern zweene aber verfügen ſich in ein anders/ die Viſitations-Stube genant; In dem einen Raths-Collegio werden die auf der Partheyen eingegebene Bittſchrifften ergangene Decreta concipirt, und die Proceſſe entweder erkennet/ oder abgeſchlagen. In den andern dreyen aber die Relationes der Sachen angehört und examinirt, und die Urthel drauf verfaſſet. Doch/ was wichtige Sachen ſind/ werden die relationes und deciſiones in plenô, das iſt/ im völligen Rathe/ vorgenommen/ allermaſſen dann auch vor Eröffnung der Urthel vorhero alle und iede Urthel allerſeits Räthen in plenô fürgeleſen werden. §. II.

§. II. Am Keyserl. Reichs-Hof-Rath verhält sich dieses alles viel anders: Es kommen/nehmlich der Her: Præsident und sämptliche Herren Reichs-Hof-Räthe (vier Tage in der Wochen/ als des Montags/Dienstags/Donnerstags und Freytags/Morgens früh) auf der Keyserl. Burgk in der gewönlichen Reichs-Hof-Raths-Stuben zusammen/ woselbsten sie sich allerseits an eine Taffel niederlassen/ keines weges aber (es betreffe denn nur schlechte und geringe Sachen) in absonderliche Collegia oder Räthe abgetheilet werden/ „ R.H.O. tit 1. §. Es sollen auch, ibi und soll auch Unser Præsi-
„ dent/ es wäre dann in gar geringen Sachen/sie/Unsre Räthe/
„ in keine absonderliche Collegia abtheilen. Dahero ist auch daselbst kein Supplication-Rath/ wie am Camer-Gericht/ sondern alle Supplicationes, oder Memorialia werden in pleno consessu abgelesen/
„ und die Decreta verfasset/ R.H.O. tit. 3 §. Wann nun. ibi: Die-
„ selbe Memorialia. in welchen umb neue Proceß angesuchet
„ wird/ im ersten Rath-Siz ablegen lassen. Auch werden die Relationes Actorum von allen angehört/ nachmahls von dem Herrn Præsidenten die vota colligirt, nach den meisten Stimmen die Urthel concipirt, dem Secretario in die Feder dictirt, und in dem Rath öffentlich wieder abgelesen. R.H.O. tit. 5. §. Den Schluß aber.

§. III. Es werden aber die Re- und Correlationes der acten, so wohln am Cammer-Gericht/als dem Keyserl. Reichs-Hof-Rath/entweder schrifft- oder mündlich proponirt. In Definitiv-Sachen aber mehrentheils schrifftlich. Und solches ist ausdrücklich verordnet in der R.H.O. tit. 4. § So bald nun, in fin. ibi: sodann iede Definitiv-Sache schrifftlich re- und correferirt werden. Darmit aber die Zeit in acht genommen/ und es mit referirung der acten nicht so langsam hergehen möge/ werden die Relationes nicht dictirt, sondern nur abgelesen/ R.A. de anno 1654. §. Den modum referendi. 143.

§. IV. Wo aber ein oder der ander/ der Herren Assessoren/ das jenige/ was referirt oder abgelesen worden/ vielleicht nicht recht eingenommen/ oder ihme sonsten wieder aus dem Gedächtnüß gefallen/ ist es ihm unverwehrt/ daß er solches in dem Rath perlustriren, und die acta, so er mit dem Referenten in eodem Senatu begriffen ist/ mit sich nach Hause nehmen/ und sich zur Nothdurfft darinnen ersehen möge. R.A. de anno 1654. §. Und nach dem. 144. in fin. Eben dasselbe ist

auch

auch am Keyserlichen Reichs-Hof-Rath vergönnet und zugelassen.
R.H.O. tit. 5. §. Wo dann einer. ibi Wo dann einer oder mehr „
von unserm Keyserlichen Reichs-Hof-Rath/ nach geschehener „
Verlesung der Relation/ üm bessers Nachdenckens willen/ die- „
selbe Schrifften ihnen nach Hauß auf eine kurtze Zeit zu ver- „
gönnen/ sich besser darinn zu ersehen/ begehren würde/ das solle „
ihnen unser Præsident/ nach Ermessung und Gelegenheit der „
Sachen/ doch in alle Wege/ daß hierinnen kein unnöthiger Auf- „
zug gesucht ꝛc. nicht abschlagen/ und davon solchem Rath als- „
dann etwas mehrers / wenigers oder gar was anders/ dann „
referirt, und doch in den actis begriffen/ auch zur Substanz gehö- „
rig/ und bey der Decision in acht zu nehmen/ noth wäre/ befun- „
den würde/ solches solle ein ieder bey seinen Pflichten nicht ver- „
schweigen/ und nicht allein in seinem Voto anziehen / sondern „
auch aus den Actis zeigen/ und alsdenn auch der gantze Reichs- „
Hof-Rath dasselbe in acht zu nehmen verpflichtet seyn.   „

§. V. Die Re- und Correlationes werden von ihren Verfassern
eigenhändig unterschrieben/ und nach deme darüber die Vota colligirt,
und das Urthel verfasset/ am Keyserlichen Cammer-Gericht dem Herrn
Cammer-Richter oder dessen Stadthalter verpitschirt übergeben/ die so
dann von ihme in eine Kiste in Verwarung geleget werden. R. A. de
Anno. 1654. §. Vorgebend dieses. 150. Am Keyserlichen Reichs-Hof-
Rath aber werden selbige verpetschirt zu den Acten geleget/ oder sonsten
verwahrt und in acht genommen. R.H.O. Tit 4. §. So bald nun. ib.
Es sollen auch die gantze Re und Correlationes wohl verpet- „
schirt iederzeit bey den Actis oder sonsten wohlverwahrt auf- „
gehalten werden.   „

Das V. Cap.
Von den Camer-Gerichts-Advocaten/ und Procuratoren/ wie auch den Agenten und Procuratoren des Keyserl. Reichs-Hof-Raths.

§. I.

Je jenigen/ welche in des Heiligen Römischen Reichs höchsten Gerichten die Streitigkeiten der teutschen Fürsten und anderer Reichs-Stände/ wie nicht weniger die zweifelhafftigen Rechts-Fälle entscheiden
und

und schlichten/ und umb eines rühmlichen Nachklangs willen/ die Hofnung und zeitliche Wohlfahrt der Bekümmerten und dero Nachkommen vertheidigen und beschützen/halten wir darfür/daß solche nicht weniger einem Regiment nütz- und fürträglich seyn/ als wann sie durch Kämpfen und Streiten das allgemeine Vaterland und die Eltern erretteten und erhielten arg. L. 14. C. de Advoc. diverſ. Judic. Mit welchem Lob-Spruch und Außsage die löblichſten Keyser Leo und Anthemius daselbſt sämptliche Advocaten und Procuratoren, der gantzen Welt recommendiren. Daß aber dieses für allen andern denen so wohln am Keyserlichen Reichs-Hof-Rathe/als dem Cammer-Gericht zu Speyer sich befindenden Herren Advocaten, Procuratoren und Agenten zukomme und gebühre/wird verhoffentlich Niemand in Abrede seyn.

§. II. Es ist aber das Wort advocare, oder/wie es in gemeinen Keyserlichen Rechten heist/ postulare, eben so viel/als etwas in den Gerichten entweder vor sich/oder eines andern wegen/mit Recht fordern oder begehren/oder aber es heist dem jenigen/der dem Gericht vorgesetzet iſt/sein Verlangen so für sich/ als eines andern wegen/ vortragen/ oder aber des Gegentheils begehren widersprechen/ nach Anleitung L. 1. ff. de poſtul. Dann derjenige/ der etwas contradicirt, begehret etwas/ alldieweiln er in effectu bittet/ daß er von dem jenigen/was der Gegen-Part bey ihm suchet/ möchte absolvirt und loßgesprochen werden. Das Wort procurare aber wird eigentlich dahin gezogen/ wenn man frembder Leute Sachen verwaltet/ und werden die jenigen Procuratores (verstehe Judiciales) genennet/ die eines andern wegen eine für Gericht anhängig gemachte Streit- oder Rechts-Sache führen und verwalten.

§. III. In den beyden höchsten Reichs Gerichten tragen die Procuratores der streitigen Partheyen Begehren und Verlangen so wohl mündlich (welches in denen Cameral-Audienzen durch Mündliche Rede geschieht) als auch schrifftlich für/welches sie dann ebenfals entweder selbst versiegeln/ oder aber von andern versiegelt überkommen und expediren. Denen Meisten aber werden alle Schrifften und Gesetze aus Fürstlichen Höfen und Cantzleyen aus übersendet/ der auch von so wohln In- als Außländischen Advocaten allbereit elaborirt seyn/welche sie so fort durchlesen/ verbessern/und nach dem gewöhnlichen Stylo einrichten und unterschreiben müssen. Memorial Jud. āſſ. de anno 1557. §. Die Advocaten. 14. K.H.O. tit. 6. §. Ein

iedweder Parthey/ibi: So sollen die Agenten und Procuratores bey Vermeydung unausbleibender Straff/ dergleichen
Producta zuvor alles Fleisses revidiren, die befindende errores
corrigiren. und alsdann erst solche Schrifften gehöriger Orten
überreichen. Thue hinzu den 7. Iit. §. Es soll auch hinführo/
verb. Sie sey dann von deren Procuratoren und Agenten ei-
gner Hand unterschrieben.-

§. IV. Darmit aber dieses umb so viel besser zu verstehen/ ist zu mercken/
daß in diesen beyden höchsten Tribunalien andere bloß Advocaten/ andere aber
Advocaten und Procuratores zugleich sind. Denn es sind nicht alle Advocaten
zugleich Procuratores/ alle Procuratores und Agenten aber sind auch Advocaten.
Am Keyserl. Cammer-Gericht wird keiner zu einem Procuratorn auf- und ange-
nommen/ wo er nicht eine zeit lang am Cammer-Gericht ein Advocat gewesen/ allein zur Advocatur kan ein ieder leicht gelangen/ welcher sich seiner Studien und
Erudition getrauet/ ob er wohl niemahls ein Procurator gewesen. Ehe und bevor aber ein oder der ander als Advocatus ordinarius recipirt wird/ ist derselbe
schuldig ein Specimen practicum, nebenst einer Supplic zugleich/ worinnen er
umb die Advocatur-Stelle anhält/ dem Cammer-Collegio schrifftlich zu exhibi-
ren, welches einem der Herren Assessoren ad referendum, und sein Judicium
darüber von sich zu stellen/ übergeben wird. Nachmahls werden in pleno consessu die Vota deshalber colligirt, und der neue Advocat entweder abgewiesen
oder aber auf- und angenommen. Wird er zugelassen/ beschiehet von zweyen darzu
deputirten Herren Assessoren seiner Geburt/ Religion und studirens halber ein
Examen, endlich leget er in öffentlicher Audientz oder auch in der Leserey/ nach der
in der Cammer-Gerichts-Ordnung vorgeschriebenen Form/ sein Eyd und Pflicht
ab. Wann er nun ein oder zwey Jahr die Advocatur-Stelle rühmlich verwaltet/
stehet ihm frey/ wenn er anders will/ umb die Procuratur-Stelle anzuhalten/ und
wofern er solche durch ein Decret erlanget/ leget er gegen den Keyserlichen Cam-
mer-Richter/ oder dessen Statthalter/ in der Audientz den Eyd der Procuratoren
öffentlich ab/ und verfüget sich alsbald auf die Banck der Procuratoren/ daselbst
er den letzten Sitz einnimmt.

§. V. Die Keyserlichen Reichs-Hof-Raths-Agenten oder Procuratores
müssen gleichsfalls umb die Procuratur-oder Agenten-Stelle zu erlangen an Keyserliche Majestät suppliciren, und pflegt im Reichs-Hof-Rath über Supplicantens Verlangen und Begehren deliberirt zu werden. Wann er nun admittirt,
wird derselbe seiner Geburt/ Heymat und Studirens halber examinirt, (R.H.O.
Tit. 7. pr. ibi: Von zweyen Reichs-Hof-Räthen/ (so unser Præsident
hierzu deputiren solle) ordentlich über ihre Geburt/ Heymath/ Ehrlichen Verhaltens/ und wo sie studirt und practicirt.) Nachmahls leget er

in völligem Rath das in der Reichs-Hof-Raths-Ordnung ihme vorgeschriebene Juramtent ab/ und wird gar solenniter zu einem Reichs-Agenten auf- und angenommen/ R. H. O. Tit. 7. **Von Aufnehmung der Advocaten/ Procuratoren und Agenten/** pr. und §. Nach solchen. Desgleichen tit. 3. in pr̄ ibi: Es sollen die geschworne aufgenommene Agenten und Procuratores. Denn am Keyserl. Reichs-Hof-R. sind andere/ so Advocati ordinarii und Jurati, von welchen das vorhergehende zu verstehen/ genennet werden/ andere aber extraordinarii, die nehml ch bloß und allein im Nahmen und von wegen der Chur- und anderer Fürsten des Reichs daselbst sich aufhalten/ und allein derselbe Rechts-Sachen führen. Dann einem jeden Chur- und Fürsten/ auch/ andern Stande des Römischen Reichs/ vergönnet und zugelassen/ daß derselbe am Keyserlichen Hofe seinen absonderlichen Agenten und Procuratorn haben möge. R. H. O. tit. 7. §. Da auch ein Chur-Fürst/ Fürst/ oder Stand des Reichs ꝛc. Und diese Agenten, Advocaten und Procuratores, welche wir extraordinarios nennen wollen/ halten weder bey Keyserlicher Majestät umb die Procuratur-Stelle an/ weder auch das sie examinirt werden/ noch das in der Reichs-Hof-Raths-Ordnung den Advocatis ordinariis fürgeschriebene Juramtent ablegen dürfften. Wofern sie aber/ mit Genehmhaltung ihres Herrn oder *Principaln*/ auch anderer Privat-Personen/ wer die auch seyn mögen/ Rechts-Sachen führen wolten/ müssen sie dißfalls bey Keyserlicher Majestät supplicando anhalten/ und den gewöhnlichen Eyd ablegen.

§. VI. So viel die Anzahl der Procuratoren und Reichs-Hof-Raths-Agenten anlanget, ist in der Reichs-Hof-Raths-Ordnung Tit. 7. in pr. gesetzt und verordnet / daß deren über 30. nicht angenommen werden sollen. ibi: Derer Anzahl sich doch über vier und zwantzig/ biß dreyßig/ nicht zu erstrecken hat. Doch ist kein Zweifel/ daß nach Keyserl. Majest. allergnädigsten Ermessen und Guthdüncken gemelte Anzahl erhöhet werden könne. Am Keyserlichen Cammer-Gerichte ist der numerus Advocatorum willkührlich/ so viel aber die Procuratores (die doch zugleich auch Advocati mit seyn/ wie oben gemeldet worden) anlanget/ scheinet es zwar/ daß nach Anleitung der Cammer-Gerichts-Ordnung 1. Theil. Tit. 18. deren Anzahl biß auf vier und zwantzig / und dem im Jahr 1670. gemachtem Reichs-Abschiede / nach/ §. Wiewohl auch leichtsam. 62. auf dreyßig limitirt worden/ doch halten wir darfür/ daß dieser numerus ebenfalls in des Cammer-Richters Willkühr beruhe. Von den Cantzley-Verwandten und andern/ welche so wohln am Cammer-Gerichte/ als Keyserlichen Reichs-Hof-Rath/ ihre Bestallung und die vorfallende Gerichts-Sachen zu expediren haben/ halten wir unnöthig zu seyn allhier etwas zu handeln und anzuführen.

Das

Das VI. Cap.
Von den Gerichtlichen Gewalten oder Vollmachten.
§. I.

Ein ieder Procurator oder Sach-walter/ welcher eine Rechts-Sache annehmen und führen will/ muß seine Person durch gnugsamen Gewalt oder Vollmacht legitimiren. Und dieses wird genennet ein Gerichtlicher Gewalt/ alldieweiln derselbe volle Macht und Gewalt giebet die streitigen Rechts-Sachen für Gericht zu treiben. Und ist entweder ein allgemeiner oder absonderlicher Gewalt. Der allgemeine ist derjenige/ welcher auf alle so wohln Gegenwärtige als zukünfftige Sachen gerichtet ist/ der absonderliche aber/ so nur auf eine gewisse Sache sich erstrecket. Allein/ was Special-Procuratoria seynd/ ob wohln selbige in den Unter- oder Nieder-Gerichten fast allenthalben gebräuchlich/seynd sie doch am Keyserlichen Reichs-Hof-Rath und Cammer-Gericht heutiges Tags außgemustert worden (worbey aber etliche Fälle außgenommen werden/ in welchen über einen general-Gewalt/ auch ein absonderlicher exigirt zu werden pfleget besiehe den R. A. de anno. 1654. §. Und demnach 101,) Und muß ein Procurator mit einem general-Gewalt zu allen Sachen sich zu legitimiren gefast erscheinen/ besage itzgemelten Reichs-Abschieds. Welches dann auch zur Gnüge erhellet so wohl aus dem formular des Cammer-Gerichtlichen Gewalts (welches beym Roding. libr. 1. Pandect. Cameral. tit. 29. §. 6. zu befinden) wenn da stehet: zu Vollführung unser an dem hochlöbl. Keyserlichen Cammer-,, Gericht zu Speyer hievorigen/ itzigen und zukünfftigen Rechts-Sa-,, hen/gegen wem wir die haben und überkommen mögen; als der formul,, es jenigen Gewalts/ so bey dem Reichs-Hof-Rath gebräuchlich welche in der R. H. O. Ferdinandi III. in fin. Wenn da stehet: in allen und ieden meinen m Keyserlichen Reichs-Hof-Rath activè und passivè hangenden Rechts-Sachen zu besehen ist.

§. II. Derohalben/ wenn ein Procurator seines Principaln wegen für Gericht scheinet/ und dergleichē General-Gewalt/um seine Person zu legitimiren/im ern Termin producirt hat/und in einer andern Sach/ gemelten seines Principaln ilber/ agiren wil/ übergibt er bloß Abschrift des Original-Gewalts/ aus dessē Titul amit der Judex, wen es nöthig das Original für die Hand nehmen/und sich darten ersehen könne) derselbe schreiber und aufzeichnet/ in welcher Sach und in welten Jahr und Tag das Original producirt worden/ mit diesen formalien: ijus Originale ist einkommen/ oder/ productum est, in Sachen ꝛc.   –
no - die -- und diese Subscription wird eine Signatur und die Abschrift eine nirte Copey gemeinen habenden Gewalts genennet. Besiehe die C. G. O. t. 3. tit. 12. §. Und so ein Procurator, 19. Am Keyſ. Reichs-HofR. wirds
,, genen-

„ genennet eine collationirte Copey/ R.H.O. tit. 3. §. Gestalt auch. ibi: Es
„ wäre denn Sach/ daß der Original-Gewalt schon zuvor ad omnes
„ causas wäre producirt worden/ auf welchen Fall es gnug ist/ daß ein
„ solcher Gewalt von dem Registratore collationirter wiederumb pro-
„ ducirt werde.

§. III. Am Keyserl. Cammer-Ge.icht müssen die Gerichtliche Gewalten nicht
allein auf den Clienten/ sondern auch auf dessen Erben/ desgleichen nicht nur auf
den Procuratorem selbst/ sondern auch/ im Fall dieser mit Tode abgehen solte/ auf
dessen Substitutum gerichtet werden/ wie gleichfalls aus den formalien des Cam-
„ mer-Gerichtlichen Gewalts erhellet/ wenn da stehet: Zu Unserm und nach
„ unsern Tod/ unsrer Erben unzweifentlichen Rednern und Anwalt
„ den Edlen ꝛc. N. N. und falls derselbe etwan frühzeitig mit Tode
„ abgienge/ gleichfalls den Edlen ꝛc. N. N. als dessen substituirten An-
„ wald/ constituirt, bestellet und benennet haben. Welche formalia aber
in dem am Keyserl. Reichs-Hof-Rath gebräuchlichen Mandato Procuratorio
nicht zu befinden seynd/ und derohalben erscheinet/ daß am Keyserl. Hofe/ so offt
sich ein Fall begiebt/ daß entweder der Part selbsten/ oder dessen Procurator mit Tode abgehet/ man allerdings einer Citation ad reassumendum von nöthen habe.
Am Cammer-Gericht aber/ weiln alle Gewalte oder Vollmachten/ auf jetzt-erzehlte
in dem R. A. von Anno 1654. fürgeschriebene Art und Weise concipirt und an-
gerichtet werden/ so finden die Citationes ad reassumendum in allen den jenigen
Rechts-Sachen/ so allererst nach itzt-ermeltem Reichs-Abschied introducirt und
anhängig gemacht worden/ keine statt/ sondern/ so entweder der Part selbsten/ oder
dessen Procurator mit Tode abgehet/ muß Gegentheil wider des verstorbenen Procuratorn Erben oder Substituten den Proceß continuiren, der Procurator
aber/ wann sein Client mit Tode abgangen/ innerhalb 3. Monat dessen nachgelas-
senen Erben Nahmen bey der Cantzley an- und einbringen/ besage itzt-berührten
R. A. de anno 1654. §. Darmit auch. 99. Doch/ was alte Sachen seynd/ (die
nehmlich für angezogenem R. A. introducirt, in welchen dergleichen Mandata
und Vollmachten nicht exhibirt) und durch den Todes-Fall der Partheyen oder
Procuratoren desert worden/ hat der jenige/ der eine Sache reassumiren will/
annoch einiger Citation ad reassumendum von nöthen/ umb welche entweder
extra Judicialiter durch eine Supplic oder aber Judicialiter in den öffentlichen
Audientzen durch mündliche Reces angehalten/ und von dem Keyserl. Cammer-
Richter oder dessen Vicario, alsbald durch Zuruf: Erkennet/ decretirt wird.
Dergleichen Decreta extemporanea wir zu Speyer bey gehaltenen öffent-
lichen Audientzen zum offtern angehöret haben.

ENDE.